本书编委会

主编

邹建平

副主编

胡飞

编委会成员

邹建平、胡飞、邹佳璧、 胡琬青

酱香基酒期货

邹建平　胡　飞◎编著

中华工商联合出版社

图书在版编目（CIP）数据

酱香基酒期货 / 邹建平，胡飞编著 . -- 北京：中华工商联合出版社，2024.4

ISBN 978-7-5158-3944-8

Ⅰ . ①酱… Ⅱ . ①邹… ②胡… Ⅲ . ①期货交易—基本知识 Ⅳ . ① F830.9

中国国家版本馆 CIP 数据核字 (2024) 第 096405 号

酱香基酒期货

作　　者：	邹建平　胡　飞
出 品 人：	刘　刚
责任编辑：	于建廷　臧赞杰
封面设计：	映象视觉
责任审读：	傅德华
责任印制：	陈德松
出版发行：	中华工商联合出版社有限责任公司
印　　刷：	北京兰星球彩色印刷有限公司
版　　次：	2024 年 6 月第 1 版
印　　次：	2024 年 6 月第 1 次印刷
开　　本：	710mm×1000 mm　1/16
字　　数：	240 千字
印　　张：	14.5
书　　号：	ISBN 978-7-5158-3944-8
定　　价：	98.00 元

服务热线：010 — 58301130-0（前台）
销售热线：010 — 58301132（发行部）
　　　　　010 — 58302977（网络部）
　　　　　010 — 58302837（馆配部）
　　　　　010 — 58302813（团购部）
地址邮编：北京市西城区西环广场 A 座
　　　　　19 — 20 层，100044
http://www.chgslcbs.cn
投稿热线：010 — 58302907（总编室）
投稿邮箱：1621239583@qq.com

工商联版图书

前　言

　　期货市场是现代金融体系的重要组成部分，发挥着举足轻重的作用，在现代经济中扮演着至关重要的角色。在我国，期货市场也得到了长足的发展。

　　期货市场的重要性首先体现在稳定价格上，某种程度上，这对中国的经济安全起到了一定的积极作用。2022年《中华人民共和国期货和衍生品法》公布，足以证明国家对期货市场的重视。

　　在市场经济中，价格波动是常态，这不仅给企业带来了风险，也给国家经济带来了不稳定因素。而期货市场通过集合竞价的方式，形成具有参考价值的期货价格，可以预测未来现货市场的价格走势，从而起到稳定价格的作用。期货市场还能够规避风险，期货交易的基本功能是套期保值，即生产者或贸易商可以通过在期货市场上买卖相应的期货合约，对冲未来现货市场的价格风险，从而实现风险转移和规避。期货市场还能够促进资源合理配置。通过期货交易，市场信息可以迅速传递到各个参与主体，使生产者根据市场需求及时调整生产和销售计划，避免资源浪费，实现资源的合理配置。

　　酱香基酒，作为中国传统白酒的一种重要类型，以其独特的酿造工艺和醇厚的口感在餐饮行业和社交场合中占据了一席之地。优质的酱香基酒具有浓郁的香气、优雅的口感和协调的余味。在酿造酱香基酒的过程中，需要经过多道工序和长时间的陈酿，才能让酒体充分吸收各种微生物和香味物质，形成独特的风味。高质量的酱香基酒主要采用高粱作为主要原料，酱香基酒的酿造需要经过高温蒸馏和长时间的陈酿，最终形成风味独特的酱香基酒。

然而，近年来酱香基酒市场呈现出一些混乱的局面，产品质量参差不齐，生产厂商杂乱众多，市场缺少规范，法规标准也不完善等，这些问题层出不穷，给市场带来了困惑。

可喜的是，随着《中华人民共和国期货和衍生品法》公布，政府相关部门开始重视酱香基酒市场的规范化建设，充分认识到建立酱香基酒的期货市场的必要性，建立酱香基酒期的期货市场也在酝酿之中，本书是为了配合上述工作而编写。

酱香基酒期货可以提高资源配置效率、增强市场稳定性、促进经济发展，并通过加强监管、完善法律法规、鼓励创新等措施，使中国酱香基酒市场在未来取得更大的发展。基于此，本书遵照《中华人民共和国期货和衍生品法》，尝试对酱香基酒期货的理论进行探究。邹佳璧、胡琬青参加了本书的编写工作。

目　录

上篇　期货基础知识

中篇　酱香基酒期货

下篇　酱香基酒的元宇宙

上篇 ◀
期货基础知识

第一章

期货市场概述

第一节　期货市场的定义与特点

一、期货市场的定义

期货，是一种标准化的合约，买卖双方约定在未来某一特定的日期，按照约定的价格交割某种商品，这种合约通常在期货市场中交易。

期货市场，是进行期货交易的场所，它由各具特色的子市场构成，连接着国内外各地，进行着灵活方便的期货交易。

期货交易，是在交易场所达成的标准化合约买卖，目的是转移价格风险或进行投机获利。

期货市场的运作方式，是以杠杆方式进行买卖，交易者进入市场只需付出合约的保证金，就能完成更多的合约交易。交易过程中，期货市场采用了严密的交易结算制度，对账户进行日常监督和保证金追缴。

二、期货市场的特点

期货市场的特点主要表现在以下几个方面：

1. 杠杆效应

期货市场采用杠杆交易方式，交易者只需缴纳合约总值的 10% 至 15% 的保证金，就能完成数倍乃至数十倍的合约交易。这种杠杆效应使得期货市场的交易具有高风险、高收益的特点。

2. 标准化合约

期货市场的交易对象是交易所指定的标准化合约，这些合约规格及交易单位、最小变动价位、每日价格波动限制、合约月份、交易时间、最后交易日、交割日期、交割品级、交割地点和交割方式都由交易所统一规定。这种标准化合约使得交易更加公平、透明和规范。

3. 集中交易

期货市场采用集中交易方式，所有买方和卖方聚集在一起进行竞价交易，价格的形成公开、透明。这种集中交易方式有助于形成公正、合理的价格，并减少信息不对称和欺诈行为。

4. 每日无负债结算

期货市场实行每日无负债结算制度，即在每个交易日结束后，对所有账户进行日常监督和保证金追缴。这种制度有助于控制市场风险，防止投资者因保证金不足而被迫采取平仓。

5. 双向交易

期货市场允许买空和卖空交易，即投资者可以在价格上涨时买入期货合约，又可以在价格下跌时卖出期货合约。这种双向交易方式，使投资者可以在市场上涨或下跌时都能有获利的机会。

6. 流动性高

期货市场的流动性相对较高,便于买卖双方迅速成交。同时,由于期货市场的杠杆效应和标准化合约,使得投资者可以更加方便地进行大额交易。

7. 价格波动大

由于期货市场的杠杆效应和投机性较强,因此价格波动相对较大。投资者需要具备一定的风险承受能力和投资经验,以应对可能出现的价格波动造成的影响。

总之,期货市场是一种特殊的金融市场,具有杠杆效应、标准化合约、集中交易、每日无负债结算、双向交易和流动性高等特点。这些特点使得期货市场在价格发现、套期保值和投机获利等方面具有重要作用。

第二节　期货市场的历史与发展

一、期货市场的起源

期货市场的起源可以追溯到 19 世纪中叶。当时,美国芝加哥的一些农产品交易商为了规避价格波动风险,开始在交易所内进行远期合约交易。这些交易商通过签订远期合约,约定在未来某一特定日期按照约定的价格交割某种农产品。这种交易方式的出现,为农业生产者和贸易商提供了一种规避价格波动风险的有效方法。

随着时间的推移,期货市场逐渐发展壮大。到了 20 世纪 70 年代,除了商品期货外,期货市场开始引入金融期货,如债券、股票指数等。这些金融期货的推出,进一步丰富了期货市场的交易品种,同时也吸引了更多的投资者参与其中。

二、期货市场的发展

1. 交易所的兴起

随着期货市场的不断发展，越来越多的交易所开始涌现。这些交易所为投资者提供了更多的交易平台和机会。同时，交易所也通过制定规则、监管市场等方式，确保市场的公平、公正和透明。

2. 电子化交易的普及

进入21世纪后，电子化交易逐渐成为期货市场的主流交易方式。电子化交易不仅提高了交易效率，降低了交易成本，还为投资者提供了更多的交易策略和工具。

3. 全球化趋势

随着全球化的加速推进，期货市场也逐渐走向全球化。各国交易所纷纷推出国际化的期货品种，吸引全球投资者参与。同时，跨国交易所之间的合作也日益紧密，为投资者提供了更多的交易机会和选择。

第三节 期货市场的功能与作用

一、期货市场的功能

1. 价格发现功能

期货市场通过集中竞价的方式，为投资者提供了一个公开、透明的交易平台。在这个平台上，买卖双方可以自由报价、协商，最终达成一致的价格。这个价格反映了市场对未来价格走势的预期，对生产者、贸易商和投资者都具有指导意义。

2. 规避风险功能

期货市场为投资者提供了一种规避价格波动风险的方法。通过在期货市场上买入或卖出相应的期货合约，投资者可以在未来某一特定日期，按照约定的价格交割标的资产，从而锁定成本或收益。这种规避风险的方式有助于稳定市场价格，减少市场波动。

3. 促进资源配置功能

期货市场通过价格发现功能和规避风险功能，引导资源向更有效率的方向流动。当市场价格反映了一种资源供不应求的情况时，这种资源会得到更多的投入和产出；反之，当市场价格反映了一种资源供过于求的情况时，这种资源会减少投入和产出。这种资源配置功能有助于提高整个社会的生产效率和经济效益。

二、期货市场的作用

期货市场是金融市场的重要组成部分，它具有多种作用：

1. 流动性提供

期货市场具有较高的流动性，这使得买卖双方能够迅速达成交易。这种流动性有助于提高市场的效率和交易的便利性，同时也为企业提供了更多的投资机会。

2. 投资机会

期货市场为投资者提供了多种投资机会，包括套期保值、套利交易、短线交易等。这些投资机会有助于投资者实现资产增值和财富管理。

3. 促进商品贸易

期货市场的发展有助于促进商品贸易的繁荣。通过期货交易，企业可以更好地预测未来的市场需求和价格走势，从而制定合理的生产和贸易策略。此外，期货市场的标准化合约也有助于降低商品贸易的交易成本，提高市场的效率和透明度。

4. 推动金融创新

期货市场的发展推动了金融创新的不断涌现。随着金融市场的不断开放和监管政策的逐步放宽，期货市场将会有更多的创新产品和服务出现。这些创新将有助于提高市场的竞争力和效率，同时也为企业和投资者提供了更多的投资选择和风险管理手段。

5. 促进经济发展

期货市场的发展对于促进经济发展具有重要意义。首先，期货市场有助于提高资源配置效率，通过市场化的方式实现资源的合理配置。其次，期货市场可以为经济发展提供资金支持，通过融资融券等业务为企业提供资金支持。此外，期货市场还可以为政府提供政策调控手段，通过调整期货合约的保证金、手续费等参数来调控市场风险。

总之，期货市场具有多种功能和作用，未来随着金融市场的不断开放和监管政策的逐步放宽，期货市场将会迎来更多的发展机遇和挑战。

第二章

期货交易制度

第一节　期货交易的基本制度

期货交易的制度在期货市场中扮演着重要的角色，它们为市场的运作提供了基础和规范。以下是一些期货交易的基本制度：

一、保证金制度

保证金制度是期货交易的基础，它要求交易者按照规定的比例缴纳保证金。保证金是交易者对期货合约的承诺，表示他们愿意承担合约规定的责任。保证金制度有助于控制市场风险，防止交易者过度投机，确保市场的稳定运行。

二、集中交易制度

期货市场实行集中交易制度，即所有的买卖指令集中在交易所进行。交易者在交易所的交易平台上进行买卖，达成合约。集中交易制度有助于提高市场的透明度和公正性，防止操纵市场和内幕交易。

三、公开喊价和电子交易系统

期货市场的买卖是通过公开喊价或者电子交易系统进行的。公开喊价是一种传统的交易方式，交易者在交易大厅内通过口头喊价进行买卖。而电子交易系统则是通过电脑网络进行买卖，交易者可以通过电脑终端下达买卖指令。公开喊价和电子交易系统各有优缺点，但都是期货市场的主要交易方式。

四、当日无负债结算制度

当日无负债结算制度是期货市场的一项重要制度，它要求在每个交易日结束后，对所有交易者的账户进行结算，计算出他们的盈亏情况。如果交易者的账户出现亏损，则需要在次日开盘前补足保证金。当日无负债结算制度有助于控制市场风险，防止过度投机。

五、涨跌停板制度

涨跌停板制度是期货市场的一项重要控制措施，它规定了每个期货合约在一个交易日内的最大涨跌幅度。当市场价格波动超过规定的幅度时，交易所会暂停交易，以防止市场过度波动。涨跌停板制度有助于控制市场风险，维护市场的稳定运行。

六、持仓限额制度

持仓限额制度是指交易所对每个会员或者每个客户的持仓数量进行限制。每个会员或者客户持有的同一期货合约的数量不得超过交易所规定的限额。持仓限额制度有助于防止市场操纵和过度投机，确保市场的公平和公正。

七、大户报告制度

大户报告制度是指当会员或者客户的持仓数量超过交易所规定的限额时，他们需要向交易所报告。交易所会根据报告的情况采取相应的措施，如要求会员或者客户调整持仓结构或者追加保证金等。大户报告制度有助于交易所了解市场的持仓情况，防止市场操纵和过度投机。

八、强行平仓制度

强行平仓制度是指当会员或者客户的持仓出现亏损时，交易所会采取强制措施平仓。如果会员或者客户没有按照规定补足保证金，交易所会强制平仓以减少损失。强行平仓制度有助于控制市场风险，防止损失扩大。

九、交割制度

交割制度是指期货合约到期时，买卖双方按照合约规定的价格进行实物交割。对于商品期货来说，交割品级和交割地点等都有明确的规定。交割制度是期货市场的基础制度之一，它保证了期货市场的正常运作和功能的发挥。

十、信息披露制度

信息披露制度是指交易所需要定期公布上市品种的行情、交易情况、持仓情况等信息，以便投资者了解市场情况。信息披露制度有助于提高市场的透明度，增加投资者的信心，同时也有助于监管机构对市场进行监管和风险控制。

第二节　期货交易的流程与规则

一、期货交易的流程

1. 开户

进行期货交易之前，投资者需要选择一家合适的期货公司，然后携带身份证原件和复印件、银行卡原件和复印件、开户申请表等材料，到期货公司营业部办理开户手续。在办理开户时，期货公司会对投资者的资料进行审核，并要求投资者进行风险测试和视频验证，以确保投资者对期货市场有足够的了解和风险意识。

2. 交易

期货交易采用保证金制度，投资者只需支付一定比例的保证金即可进行交易。保证金制度的优点是可以增加市场的流动性，但同时也增加了投资者的风险。因此，投资者需要了解期货合约的交易规则和风险控制方法，以便更好地把握市场机会。在交易过程中，投资者可以根据自己的分析和判断，选择合适的合约和交易方向，并通过期货公司的交易系统进行下单。

3. 结算

期货交易实行每日无负债结算制度，即每天收盘后，期货公司会对投资者的持仓进行结算，计算盈亏并划转资金。如果投资者的保证金不足，期货公司会要求投资者追加保证金，否则将强制平仓，以避免投资者承担过度的风险。每日无负债结算制度有助于投资者及时关注自己的账户情况，并根据市场变化调整投资策略。

4. 交割

期货合约到期时，投资者需要按照合约规定的交割方式进行交割。一般来说，实物交割是最常见的交割方式，即买卖双方按照合约规定的数量和质量交付实物。如果投资者选择的是现金交割方式，则需要按照合约规定的价格进行结算。在交割过程中，投资者需要关注交割日期和地点，并确保有足够的资金或实物进行交割。

二、期货交易的规则

1. 合约标准化

期货市场上的期货合约都是标准化的，包括交易品种、数量、价格、交割地点和交割时间等都是预先规定好的。这种标准化有利于保证市场公平和流动性，同时也降低了投资者的交易成本。

2. 保证金制度

期货交易采用保证金制度，投资者只需支付一定比例的保证金即可进行交易。保证金可以理解为一种履约担保，当市场价格波动时，投资者需要追加保证金以维持其持仓。如果投资者的保证金不足，期货公司会要求投资者追加保证金，否则将强制平仓。保证金制度的存在使得期货交易具有一定的杠杆效应，投资者需要理性控制风险。

3. 每日无负债结算制度

期货市场实行每日无负债结算制度，即每天收盘后，期货公司会对投资者的持仓进行结算，计算盈亏并划转资金。这种制度可以确保市场的公平性和透明度，同时也可以帮助投资者控制风险。投资者需要关注每日的结算结果，并根据市场变化调整投资策略。

4. 价格波动限制

为了防止市场过度波动，期货市场通常会对价格波动进行限制。当市场价格波动超过一定范围时，交易所会采取措施来控制市场风险。例如，当市场价格波动过大时，交易所可能会暂停交易或调整保证金要求等。价格波动限制有助于维护市场秩序，保护投资者利益。

5. 交割制度

期货合约到期时，投资者需要按照合约规定的交割方式进行交割。一般来说，实物交割是最常见的交割方式，即买卖双方按照合约规定的数量和质量交付实物。如果投资者选择的是现金交割方式，则需要按照合约规定的价格进行结算。此外，交易所还会规定交割地点和交割时间等细节问题。投资者需要关注交割日期和地点，并确保有足够的资金或实物进行交割。

6. 杠杆限制

为了控制市场风险，期货市场通常会对杠杆进行限制。杠杆是指投资者用较小的资金控制较大市值合约的能力。如果杠杆过高，市场波动时投资者的损失也会相应增加。因此，交易所通常会规定投资者可以使用的最大杠杆比例。投资者需要理性控制杠杆比例，避免过度投机。

7. 交易时间限制

期货市场的交易时间通常受到限制。一般来说，交易所会规定开盘时间和收盘时间。在非交易时间内，市场价格不会发生变化。这有助于防止过度投机和市场操纵行为的发生。投资者需要关注交易时间，合理安排投资计划。

第三节　期货交易的结算与交割

期货交易的结算与交割是期货市场运作中的重要环节。以下是关于期货交易的结算与交割的详细介绍：

一、期货交易的结算

期货交易的结算是指对期货合约的买卖双方进行清算，以确定他们的盈亏状况。期货交易的结算通常包括以下步骤：

1. 确定结算价格

期货合约到期时，交易所会根据市场行情确定一个结算价格。这个价格通常是根据市场供需关系、宏观经济因素等多种因素综合得出的。

2. 计算盈亏

根据结算价格与期货合约的买入或卖出价格，计算出买卖双方的盈亏状况。

3. 资金清算

交易所会根据买卖双方的盈亏状况，进行资金清算。

4. 公布结算结果

交易所会在每个交易日结束后公布当日的结算结果，包括买卖双方的盈亏状况、资金清算情况等。

二、期货交易的交割

期货交易的交割是指期货合约到期时，买卖双方按照合约规定进行实物交割或现金交割。以下是关于期货交易交割的详细介绍：

1. 实物交割

实物交割是指买卖双方按照合约规定，将实际商品进行交付和接收。在实物交割中，卖方需要将实际商品交付给买方，买方则需要支付相应的货款。实物交割通常在农产品、金属等实物商品中进行。

2. 现金交割

现金交割是指买卖双方按照合约规定，通过现金支付方式进行交割。在现金交割中，亏损方需要将合约结算确定的亏损金额支付给盈利方，盈利方则无需实际接收商品。现金交割通常在金融衍生品中进行。

在期货市场中，大部分期货合约都是通过现金交割方式进行的。这是因为实物交割涉及到物流、仓储等复杂环节，成本较高，且容易受到天气、交通等因素的影响。而现金交割则相对简单、快捷，成本较低。

总之，期货交易的结算与交割是期货市场运作中的重要环节。通过结算和交割机制的设计和实施，期货市场能够有效地分散风险、提高市场效率并促进资源的合理配置。

第三章

期货市场的组织

第一节　期货交易所

一、期货交易所

期货交易所是期货合约交易的地方。期货交易所通常由政府或监管机构批准成立，并受到相关法规的监管。期货交易所为交易者提供了一个集中交易的平台，使得交易者可以在这里买卖期货合约。

期货交易所的运营模式通常是通过收取交易费用来盈利，这些费用包括交易费、结算费、仓储费等。此外，交易所还可能提供其他服务，如市场数据、交易软件等，并从中获得收入。

期货交易所的合约通常是以商品为基础的，如大豆、玉米、黄金、原油等。此外，还有一些金融期货合约，如股指期货、利率期货等。

期货交易所的监管机构通常会对交易所进行严格的监管，以确保市场的公平、透明和有效。监管机构可能会对交易所的运营、财务状况、交易规则等方面进行审查，以确保交易所符合相关法规和规定。

期货交易所的组成一般包括会员大会、理事会、监事会等机构，其中会员大会是期货交易所的最高权力机构，理事会是执行机构，监事会是监督机构。

期货交易所的会员分为结算会员和非结算会员两种。结算会员是指具有结算资格的会员，可以为其受托客户办理结算交割业务；非结算会员不具有结算资格，必须通过结算会员才能进行期货交易。

目前世界上有多个知名的期货交易所，如芝加哥商业交易所、纽约商品交易所、伦敦金属交易所等。这些交易所都有自己的特色和优势，为全球的期货交易提供了便利和保障。

中国的期货交易所有六个：

郑州商品交易所，成立于1990年，主要交易农产品期货，如棉花、白糖、苹果等。

大连商品交易所，成立于1993年，主要交易农产品、化工品等期货，如大豆、豆油、焦炭、铁矿石等。

上海期货交易所，成立于1999年，主要交易金属和化工品期货，如黄金、白银、铜、天然橡胶等。

中国金融期货交易所，成立于2006年，主要交易金融衍生品，如股指期货、国债期货等。

上海国际能源交易中心，成立于2013年，主要交易原油、天然气等能源期货，同时也开展金融期货交易。

广州期货交易所，成立于2021年，主要交易工业硅期货。

二、期货交易所的功能

1. 提供交易场所、设施和服务

期货交易所提供交易场所、设施和服务，使得交易者可以在一个集中、受监管的市场上进行交易。

2. 制定和执行交易规则

期货交易所制定和执行交易规则，确保交易的公平、公正和透明。这些规则包括交易时间、交易方式、交易品种、交易数量、交易价格等方面的规定。

3. 结算和交割

期货交易所负责结算和交割，即根据交易结果对交易者的盈亏进行结算，并按照规定的时间和地点进行实物交割。

4. 监管和管理

期货交易所对市场进行监管和管理，确保市场的正常运行和交易者的合法权益。

第二节 期货公司与服务机构

一、期货公司

期货公司是指在中国境内依法设立的，提供期货经纪、期货投资咨询等服务的法人单位。

期货公司的主要业务包括：

1. 期货经纪业务

期货公司接受投资者的委托，代理其进行期货交易。投资者可以通过期货公司的交易系统进行下单、撤单、平仓等操作。

2. 期货投资咨询业务

期货公司为客户提供专业的投资建议，帮助客户制定投资策略，分析市场行情，预测价格走势等。

3. 资产管理业务

期货公司接受客户的委托，为客户管理资产，提供个性化的投资方案和风险管理策略。

4. 风险管理业务

期货公司为客户提供风险管理和套期保值服务，帮助客户规避市场风险，实现资产保值增值。

5. 其他业务

期货公司还可能提供其他服务，如培训、研究、信息技术服务等。

二、期货公司的服务机构

期货公司的服务机构主要包括：

1. 交易所

期货交易所是期货市场的基础设施，负责组织和管理期货交易活动，提供交易场所、交易系统和结算服务。

2. 结算机构

结算机构是负责期货交易结算的机构，对交易者的持仓、盈亏、保证金等进行结算。

3. 交割仓库

交割仓库是负责期货交割的机构，为投资者提供实物交割服务。

4. 信息技术服务机构

信息技术服务机构为期货公司提供信息技术支持，如交易系统、行情分析系统等。

5. 律师事务所和会计师事务所

这些机构为期货公司提供法律和财务方面的服务，保障期货公司的合规运营。

第三节　期货交易者

期货交易者是指在期货市场上进行买卖期货合约的个人或机构。

一、期货交易者的类型

1. 投机交易者

投机交易者是指通过预测未来市场走势，买卖期货合约以获取利润的交易者。他们通常会关注市场动态、宏观经济、政策变化等因素，以判断市场趋势，并采取相应的交易策略。

2. 对冲交易者

对冲交易者是指通过买卖不同到期日、不同交割月的期货合约，以对冲风险、锁定利润的交易者。他们通常会利用不同市场、不同品种之间的价格波动，进行套利交易或对冲交易，以降低风险并获取稳定的收益。

3. 套期保值者

套期保值者是指通过买卖期货合约，以对冲现货市场价格波动风险的交易者。他们通常是在现货市场上有一定头寸的投资者或生产商，通过在期货市场上建立相应的头寸，以对冲现货市场的风险。

二、期货交易者的组成

期货交易者是期货市场的主要参与者，期货交易者的组成一般包括：个人投资者；机构投资者；做市商。

1. 个人投资者

个人投资者是指以个人名义进行交易的投资者，包括散户投资者和小型机构投资者。

（1）散户投资者通常由普通投资者组成，其投资规模相对较小，交易频率较低，其行为特征较为保守。他们通常更关注投资风险和收益的平衡，更注重中长期的投资机会。散户投资者在市场中的行为往往受情绪的影响较大，容易出现跟风交易和情绪化投资的现象。

（2）小型机构投资者是指投资规模相对较小的机构投资者，例如一些小型基金公司和私人财富管理机构。小型机构投资者相对于散户投资者在交易规模和交易频率上有所增加，其行为特征相对于散户投资者更趋于理性。小型机构投资者更注重研究和分析，对市场有着相对准确的判断能力。他们更注重个股的选择和投资组合的配置，通过系统化的投资策略寻找市场机会。

2. 机构投资者

机构投资者是指以机构名义进行交易的投资者，包括证券公司、期货公司、基金公司、保险公司等。

机构投资者通常拥有较强的交易实力和市场影响力，其交易规模较大且交易频率较高，具有更为庞大的资金规模、更专业的投资团队和更严格的风控措施。

机构投资者的特点在于他们更为注重长期投资，对交易的频繁性和风险承受能力有一定的限制。他们通常会通过深入的研究和分析来选择合适的投资标的，并在投资决策中注重避险和规避市场风险。

机构投资者还具备较强的市场影响力，他们的交易决策和行为常常成为市场参与者关注的焦点，通常配备有专业的研究团队，能够通过对市场、行业和公司基本面的研究进行投资决策。对于市场的宏观和微观状况有更深入的了解，能够通过量化模型和技术分析进行交易策略的制定。

机构投资者由于拥有较大的资金规模，他们的交易行为对于市场价格的波动具有显著的影响力。例如，他们大量买入某个期货合约，将造成市场价格上涨；而大量卖出则会导致市场价格下跌。这种市场冲击会引起其他投资者的跟随行为，从而放大了市场的波动。

3. 做市商

做市商是指经交易所认可，为指定品种的期货、期权合约提供双边报价等服务的法人或者非法人组织。

一般由具备一定实力和信誉的期货经营法人作为特许交易商，不断地向公众投资者报出某些特定期货的交易价格，并在该价位上接受公众投资者的买卖要求，以其自有资金和期货投资者进行期货交易。通过做市商这种不断买卖来维持市场的流动性，满足公众投资者的投资需求。

做市商制度，就是以做市商报价形成交易价格、驱动交易发展的期货交易方式。做市商必须具备一定的资格和条件。一般来说，做市商需具备以下资格：

资本实力：做市商需要具备雄厚的资本实力，以便在市场波动时能够承受风险并履行承诺。

专业能力：做市商需要具备专业的投资分析和风险管理能力，以便在市场变动时做出正确的决策。

信誉度：做市商需要具备良好的信誉度，以便赢得投资者的信任并维持市场的稳定性和连续性。

技术条件：做市商需要具备先进的技术条件，以便在快速变化的市场中及时调整报价并保持市场流动性。

除此之外，为了规范做市商的行为和市场秩序，监管机构需要对做市商进行监管和规范。一般来说，监管机构需要制定一系列法规和准则来规范做市商的行为和市场操作，包括以下两个方面：

资格条件：监管机构需要制定相应的资格条件和申请程序，以便筛选符合条件的做市商并确保其具备相应的能力和信誉度。

报价要求：监管机构需要制定相应的报价要求和规范程序，以确保做市商的报价符合市场情况和投资者需求，以避免不正当竞争和市场操纵行为的发生。

第四章

期货品种与合约

第一节　期货品种的分类与特点

一、期货品种的分类

期货品种，是指期货合约所对应的现货物品。一般而言，期货交易对象分为商品期货、金融期货两大类。商品期货品种的分类包括农产品期货、金属期货、能源期货等。

1. 农产品期货

主要分为谷物期货、油籽期货、家畜期货、软商品期货和农副产品期货。谷物期货主要包括小麦、玉米、大豆等谷物；油籽期货主要包括花生、大豆、油菜籽等油籽；家畜期货主要包括猪、牛、羊等家畜；软商品期货主要包括棉花、白糖等软商品；农副产品期货主要包括鸡蛋、苹果等农副产品。

2. 金属期货

主要分为有色金属期货和黑色金属期货。有色金属期货主要包括铜、铝、锌等有色金属;黑色金属期货主要包括铁矿石、钢等黑色金属。

3. 能源期货

主要分为原油期货、燃料油期货等。原油期货是全球交易量最大的商品期货品种之一,主要交易场所包括纽约商品交易所(NYMEX)、伦敦金属交易所(LME)等。燃料油期货主要交易场所包括新加坡交易所(SGX)等。

4. 金融期货

品种主要分为利率期货、汇率期货和股指期货。利率期货主要包括国债期货和利率期货等;汇率期货主要包括美元期货和欧元期货等;股指期货主要包括上证 50 指数期货、中证 500 指数期货等。

二、期货品种的特点

1. 杠杆效应:期货市场采用保证金制度,投资者只需支付一定比例的保证金即可参与交易,因此具有杠杆效应。这种杠杆效应使得投资者可以利用较小的资金控制较大的合约规模,从而放大收益。但同时,杠杆效应也放大了风险,一旦市场波动较大,投资者可能会面临较大的损失。

2. 双向交易:与股票市场不同,期货市场允许投资者进行双向交易,即既可以买入也可以卖出合约。这种双向交易机制使得投资者可以灵活应对市场波动,既可以买入低价的合约等待价格上涨获利,也可以卖出高价的合约等待价格下跌获利。

3. 标准化合约：期货合约是标准化的合约，规定了交易品种、数量、质量等级、交货时间和地点等条款。这种标准化合约降低了交易成本和风险，使得市场更加透明和公正。

4. 集中交易：大部分期货市场采用集中交易制度，即所有买卖指令集中在交易所内进行公开竞价交易。这种集中交易制度有利于形成公正的价格，并降低交易成本。

5. 逐日盯市：在每个交易日结束后，交易所会根据市场价格变动情况对投资者的保证金进行结算，这种结算方式称为逐日盯市。逐日盯市制度可以及时调整投资者的保证金水平，控制风险。

6. 价格波动性：由于期货市场是远期市场，受到多种因素的影响，价格波动性较大。这种波动性使得投资者需要具备较高的风险承受能力和投资技巧。

总之，期货品种的分类与特点反映了其作为金融衍生品的基本属性。投资者在参与期货交易时需要了解相关品种的分类和特点，以便更好地把握市场机会和控制风险。

第二节　期货合约的要素及优点

一、标准化合约的要素

期货合约是一种标准化的合约，合约的要素主要包括：合约名称、交易单位、报价单位、最小变动价位、每日价格最大波动限制、合约交割月份、交易时间、最后交易日、交割日期、交割等级、交割地点等。

1. 合约名称

期货合约的名称通常由商品或金融资产的种类和交割月份组成，例如"豆粕 1909""沪铜 2001"等。

2. 交易单位

期货合约的交易通常以手为单位，一手等于一个交易单位。例如，豆粕期货合约的交易单位为 10 吨／手。

3. 报价单位

期货合约的报价单位通常以元或美元为单位，例如豆粕期货合约的报价单位为元／吨。

4. 最小变动价位

期货合约的最小变动价位是指每次报价变动的最小单位，例如豆粕期货合约的最小变动价位为 1 元／吨。

5. 每日价格最大波动限制

期货合约的每日价格最大波动限制是指每个交易日中价格的最大涨跌幅度，例如豆粕期货合约的每日价格最大波动限制为 ±4%。

6. 合约交割月份

期货合约的交割月份是指合约到期进行交割的月份，例如豆粕期货合约的交割月份为 1 ～ 12 月。

7. 交易时间

期货合约的交易时间通常在周一至周五 9:00--11:30，13:30--15:00，周末及法定节假日休市。

8. 最后交易日

期货合约的最后交易日是指合约到期前最后一个交易日，例如豆粕期货合约的最后交易日为合约到期月份的第 10 个交易日。

9. 交割日期

期货合约的交割日期是指合约到期进行实物交割的日期，例如豆粕期货合约的交割日期为最后交易日后连续五个工作日。

10. 交割等级

期货合约的交割等级是指用于交割的商品或金融资产的质量标准，例如豆粕期货合约的交割等级为国家标准一级豆粕。

11. 交割地点

期货合约的交割地点是指进行实物交割的具体地点，例如豆粕期货合约的交割地点为交易所指定交割仓库。

除了以上要素外，期货合约还包括其他一些要素，例如交易保证金、手续费等。这些要素共同构成了期货合约的标准，为投资者提供了明确的交易指引和保障。

二、标准化合约的优点

标准化的期货合约具有以下优点：

1. 便于交易和监管

标准化的期货合约规定了统一的交易规则和标准，使得交易更加便捷和规范。同时，监管机构也可以对市场进行有效的监管和管理，维护市场的公平和秩序。

2. 降低风险

标准化的期货合约具有较低的市场风险和信用风险。由于期货市场采用保证金制度，投资者需要按照规定缴纳保证金才能进行交易，从而降低了市场风险。此外，期货市场采用每日无负债结算制度，及时调整投资者的盈亏状况，避免了信用风险的发生。

3. 便于对冲风险

标准化的期货合约可以作为对冲其他资产风险的工具。投资者可以通过买入或卖出相关的期货合约，以此来对冲其持有的其他资产的风险，从而降低整体投资组合的风险水平。

4. 提高市场流动性

标准化的期货合约具有较高的市场流动性，便于投资者买卖和套利操作。同时，市场流动性也提高了市场的价格发现功能，使得价格更加真实和透明。

总之，标准化的期货合约是期货市场的基础和核心要素之一，对于降低风险、提高市场流动性、促进市场公平和秩序等方面都具有重要的作用。

第三节　期货合约的交易规则

标准化期货合约的交易规则是期货市场运作的基础，对于保障市场公平、公正、透明具有至关重要的作用。以下是期货合约的交易规则的简单论述。

一、交易场所

期货合约的交易通常在专门的期货交易所进行。这些交易所为买卖双方提供了一个集中交易的平台，使得交易更加便捷和高效。在中国，主要的期货交易所包括上海期货交易所、郑州商品交易所、大连商品交易所等。

二、合约标准化

期货合约是标准化的合约，这意味着合约的品种、规格、质量、交割地点等都是预先规定好的。这种标准化使得期货交易更加便捷，降低了交易成本，提高了市场的流动性。

三、保证金制度

在期货交易中，买卖双方需要缴纳一定的保证金作为履约的担保。保证金是期货交易所为了防止买卖双方违约而设立的一种风险保障机制。当市场价格波动时，交易所会根据市场情况调整保证金水平，以控制市场风险。

四、每日无负债结算

每日无负债结算是指期货交易所每天会对买卖双方的盈亏情况进行结算，并要求会员单位按照结算结果进行资金划拨。这种结算方式有助于控制市场风险，确保市场的公平和公正。

五、交割制度

期货合约在到期日需要进行交割。交割是指买卖双方按照约定的价格将实物商品或金融资产进行转移。在交割时，买方需要支付货款，卖方需要交付货物或金融资产。对于商品期货，通常采用实物交割方式；对于金融期货，则采用现金交割方式。

六、价格波动限制

为了防止市场价格过度波动，期货交易所会设立价格波动限制制度。当市场价格波动超过一定范围时，交易所会采取措施限制价格波动，以维护市场稳定。

七、交易指令的执行与撤销

在期货交易中，买卖双方可以通过下达交易指令来表达自己的交易意愿。当交易指令被执行后，买卖双方的权益将受到保护。然而，如果交易指令存在错误或误导性信息，买卖双方可以在规定的时间内撤销指令。撤销指令需要满足一定的条件和程序，以确保市场的公平和公正。

八、信息披露与监管

期货交易所会定期发布市场行情信息、交易数据等，以供投资者参考。同时，交易所也会对市场进行监管，确保市场的公平、公正和透明。如果发现市场存在违规行为或操纵行为，交易所会采取相应的措施进行惩处。

九、风险管理

期货交易具有高风险性，因此风险管理至关重要。买卖双方需要建立完善的风险管理体系，包括制定合理的投资策略、控制仓位、设置止损点等。同时，投资者也需要了解自身的风险承受能力和投资目标，以便做出合理的投资决策。

十、法律责任与纠纷解决

在期货交易中，如果买卖双方发生纠纷或争议，可以通过法律途径解决。根据相关法律法规的规定，买卖双方需要承担相应的法律责任。如果一方存在违约行为或违法行为，另一方可以通过法律途径进行维权。在纠纷解决过程中，仲裁机构或法院会根据事实和法律规定进行裁决，以维护市场的公平和公正。

总之，期货合约的交易规则是保障市场公平、公正、透明的基础。对于投资者来说，了解并遵守这些规则是进行期货交易的重要前提。

第五章

期货价格分析

第一节　期货价格基本原理

期货价格的基本原理，涉及许多经济学、金融学和市场理论的概念。以下将用简洁明了的方式加以解释。

一、期货价格的形成机制

期货价格的形成机制主要有以下几个方面：

1. 供求关系：商品的供求关系是决定期货价格的重要因素。当供应量大于需求量时，价格下跌；当需求量大于供应量时，价格上涨。

2. 市场情绪：市场情绪对期货价格也有很大影响。当市场对未来商品价格看涨时，期货价格会上涨；当市场对未来商品价格看跌时，期货价格会下跌。

3.政策因素：政策因素对期货价格也有很大影响。例如，政府对某种商品的进出口政策、税收政策等都会影响该商品的供求关系和价格。

4.国际市场影响：国际市场的价格波动也会对国内期货价格产生影响。例如，国际市场的原油价格产生波动，将会影响国内原油期货价格。

二、期货价格的波动规律

期货价格的波动规律主要有以下几个方面：

1.季节性规律：某些商品的期货价格存在季节性波动规律。例如，农产品、能源等商品的期货价格，往往会在特定的季节出现波动。

2.周期性规律：期货价格的波动也存在周期性规律。例如，某些商品的价格可能会在几年内呈现周期性波动。

3.长期趋势：从长期来看，某些商品的期货价格会呈现上升或下降的趋势。例如，随着人口增长和经济的发展，对石油等资源的需求不断增加，因此石油期货价格的长期趋势是上升的。

第二节　期货价格的影响因素

以下是对期货价格影响因素的简单分析：

一、供求关系

供应：当供应量增加时，期货价格通常会下跌，因为供应过剩可能导致市场价格下跌。

需求：当需求增加时，期货价格往往会上涨，因为需求超过供应可能导致价格上涨。

二、宏观经济因素

经济增长：经济增长通常与需求增加相关，从而推高期货价格。

通货膨胀：通货膨胀可能导致价格上涨，从而推高期货价格。

利率：利率是借贷成本，对期货价格产生影响。高利率可能抑制需求，从而压低期货价格。

三、政策因素

货币政策：中央银行的货币政策对利率和货币供应产生影响，从而影响期货价格。

财政政策：政府的财政政策对经济产生影响，如政府支出、税收政策等，可能影响期货价格。

四、全球因素

国际贸易：国际贸易状况可能影响期货价格。例如，贸易摩擦可能导致相关商品的价格波动。

地缘政治：地缘政治紧张局势可能对期货价格产生影响，如战争、政治动荡等可能导致相关商品的价格上涨。

五、基本面因素

生产成本：生产成本是决定商品价格的重要因素之一。例如，如果生产成本上升，那么商品价格也可能会相应上涨。

供需关系：供需关系是影响商品价格的基本因素之一。当供应量大于需求量时，商品价格可能会下跌；反之，当需求量大于供应量时，商品价格可能会上涨。

六、投机因素

期货市场上的投机交易者可能会对期货价格产生重大影响。他们可能会通过预测未来市场走势来买卖期货合约，从而对期货价格产生影响。

七、自然灾害和气候变化

自然灾害如干旱、洪水或极端天气事件可能会对农作物的生长和产量产生重大影响，从而影响相关农产品的期货价格。气候变化可能影响交通运输，对能源、金属等大宗商品的价格产生影响。

八、金融市场波动

金融市场的波动也可能对期货价格产生影响。例如，股票市场的波动可能会影响投资者的风险偏好和投资行为，从而对期货价格产生影响。

九、全球经济状况

全球经济状况对期货价格也有重要影响。例如，全球经济增长放缓可能会导致需求下降，从而压低相关商品的期货价格。相反，全球经济繁荣可能会导致需求增加，从而推高相关商品的期货价格。

十、汇率变动

对于依赖进口原材料或以出口为主的国家来说，汇率变动对其经济状况具有重要影响。汇率的波动可能对相关商品的期货价格产生重大影响。

十一、政策法规变动

政策法规的变动也可能对期货价格产生影响。例如，政府对某些行业的政策调整或法规变化，可能会对有关行业的产品需求产生影响，从而对相关商品的期货价格产生影响。

十二、市场参与者的心理预期

市场参与者的心理预期对期货价格也有一定的影响。例如，如果市场参与者普遍预期未来价格上涨，那么他们可能会增加购买量，从而推高期货价格。相反，如果市场参与者普遍预期未来价格下跌，那么他们可能会减少购买量或选择卖出期货合约，从而压低期货价格。

十三、市场流动性

市场流动性对期货价格也有一定的影响。如果市场流动性不足或存在大量的卖单或买单无法成交的情况，可能会导致期货价格的大幅波动。因此，在参与期货交易时需要充分考虑市场的流动性状况。

第三节　期货价格的分析方法

期货价格的分析方法是一个复杂而重要的领域，以下介绍了几种常用的期货价格分析方法：

↑ 酱香基酒期货

一、技术分析法

技术分析是通过对历史价格、交易量和图表形态的研究，来预测未来市场走势的一种方法。这种方法认为，市场价格反映了所有已知的信息，并且图表形态和趋势可以揭示未来的价格动向。

技术分析的主要工具包括价格图表、交易量图表、移动平均线、相对强弱指标、布林带等。技术分析者会根据这些工具提供的信息，结合自己的经验和判断，对市场走势进行预测。

二、基本分析法

基本分析是通过对宏观经济、行业和公司基本面因素的研究来预测未来市场走势的一种方法。这种方法认为，市场价格是由基本价值决定的，而基本价值是由宏观经济、行业和公司的基本面因素决定的。

基本分析的主要内容包括宏观经济分析、行业分析、公司分析等。基本分析者会收集和分析各种数据，包括 GDP 增长率、通货膨胀率、利率、汇率、行业增长率、公司财务数据等，以此来评估市场的供求关系。

三、相对强度分析法

相对强度分析是通过对不同资产或商品之间的相对表现进行分析，以此来预测未来市场走势的一种方法。这种方法认为，不同资产或商品之间的相对表现可以揭示未来的市场走势。

相对强度分析的主要工具包括相对强度指数、相对强弱线等。相对强度分析者会根据这些工具提供的信息，结合自己的经验和判断，对市场走势进行预测。

四、行为金融分析法

行为金融分析是通过对投资者心理和行为的研究来预测未来市场走势的一种方法。这种方法认为，投资者心理和行为会影响市场的供求关系和价格动向。

行为金融分析的主要内容包括投资者情绪、市场趋势、投资行为偏差等。行为金融分析者会收集和分析各种数据，包括投资者情绪指数、市场趋势指标、投资行为偏差等，以评估市场的供求关系和价格动向。

五、量化分析法

量化分析是利用数学模型和算法对市场数据进行处理和分析的一种方法。这种方法可以处理大量的数据，并利用计算机进行自动化分析和预测。

量化分析的主要内容包括统计模型、机器学习模型、时间序列模型等。量化分析者会根据不同的模型和算法，对市场数据进行处理和分析，以预测市场的未来走势。

以上五种期货价格分析方法各有优缺点，适用于不同的市场环境和投资策略。在实际应用中，投资者应该根据自己的投资目标、风险承受能力和市场环境，选择合适的方法进行分析和预测。

第六章

期货投资策略

第一节　期货投资的基本策略

一、基本分析

对于期货投资，首先必须具备一个基本理念，也就是所谓的基本分析。基本分析包括分析价格走势、趋势、支撑阻挡、阻力位、支撑位、技术指标等，同时也包括经济指标如利率变动、物价变动、贸易平衡、政治事件等，因此投资者在投资期货之前，必须做好功课，掌握基本分析的技巧，才能胸有成竹地面对市场。

二、操作技巧

期货投资除了基本分析外，还要有技术分析。技术分析是通过图表、技术指标等工具来预测价格走势的方法。技术分析包括趋势线、支撑阻挡线、百分比线、黄金分割线等分析方法，同时技术指标也包括动量指标、相对强弱指数等。投资者在进行期货操作时，必须掌握好这些技术分析方法，以便更好地把握市场动态。

三、止损止盈

止损止盈是期货投资中控制风险的重要手段。投资者在进行期货操作时，必须设定好止损止盈点位，一旦价格达到或突破这些点位，就及时采取行动以降低风险。同时，投资者还需要根据市场情况及时调整止损止盈点位，以保持操作的灵活性。

四、风险管理

风险管理是期货投资中不可或缺的一环。投资者在进行期货操作时，必须时刻关注市场风险，采取措施控制风险。同时，投资者还需要了解自身的风险承受能力，避免将自身置于高风险环境下。

六、保持冷静

保持冷静是期货投资中非常重要的一环。投资者在进行期货操作时，必须时刻保持冷静和理性，不被情绪左右。同时，投资者还需要了解自身的情绪变化，避免因为情绪波动而做出错误的决策。

七、不断学习

不断学习是期货投资中不可或缺的一环。投资者在进行期货操作时，必须不断学习和掌握新的知识和技能，以适应市场的变化。同时，投资者还需要了解自身的知识结构和能力水平，不断提高自身的投资水平，只有不断学习和提高自身的投资水平，才能在期货市场中获得成功。

<h2 style="text-align:center">第二节 期货投资的交易技巧</h2>

期货投资是一种高风险、高回报的投资方式，需要投资者具备一定的交易技巧。以下是一些基本的期货投资的交易技巧：

一、了解市场和品种

在进行期货投资之前，投资者需要了解市场和品种的基本情况。包括市场趋势、品种特性、交易规则、风险控制等方面的知识。只有对市场和品种有充分的了解，才能更好地把握投资机会，制定合理的交易策略。

二、制订交易计划

在期货市场中，没有一种方法可以确保每次交易都能成功。但是，一个好的交易计划可以帮助投资者更好地把握市场趋势，从而控制风险，实现盈利。交易计划包括以下内容：

1. 确定交易目标

明确自己的盈利目标和止损点，以便在交易中保持冷静和理性。

2. 分析市场趋势

通过技术分析、基本面分析等方法，判断市场趋势，选择合适的交易品种和方向。

3. 制定交易策略

根据市场趋势和自己的风险承受能力，制定合理的交易策略，包括入场点、止损点、止盈点等。

4. 控制仓位

根据资金情况和风险承受能力，合理控制仓位，避免过度交易或重仓操作。

三、掌握技术分析方法

技术分析是期货投资中常用的分析方法之一。通过技术分析，投资者可以了解市场趋势、买卖信号、支撑和阻力位等，从而制定相应的交易策略。常用的技术分析方法包括 K 线图、趋势线、支撑和阻力位、技术指标等。

四、关注基本面因素

除了技术分析外，基本面因素也是影响期货价格的重要因素之一。投资者需要关注国内外经济形势、政策变化、供需关系等基本面因素，以便更好地把握市场趋势。

五、保持冷静和理性

期货市场波动较大，投资者在交易中容易受到情绪的影响。因此，保持冷静和理性是期货投资中非常重要的一点。当市场波动较大时，不要盲目跟风或过度交易，而是要根据自己的交易计划和市场情况作出理性的决策。

第三节　期货投资的资金管理

期货投资的资金管理是一个复杂而关键的过程，涉及投资策略、风险控制、市场分析和决策制定等方面。以下是关于期货投资资金管理的详细解释。

一、资金管理的重要性

资金管理涉及投资者如何分配资金、设定止损止盈、控制风险等方面。正确的资金管理策略能够帮助投资者在市场波动中保持冷静，减少损失，增加盈利机会。通过合理的资金管理，投资者可以更好地应对市场风险，实现长期稳定的投资回报。

二、资金管理的原则

1. 风险控制

投资者应该设定明确的止损点，以控制潜在的损失。止损点是投资者愿意接受的最大损失金额，一旦市场价格触及止损点，投资者应立即平仓或采取其他措施减少损失。

2. 资金分散

投资者应该将资金分散投资于不同的期货合约和市场，以降低单一市场或合约的风险。这样可以确保一部分投资盈利时能够抵消另一部分投资的损失，实现整体收益的稳定。

3. 理性分析

投资者应该基于市场分析和理性判断来制定投资策略，而不是盲目跟风或听从所谓的"专家"建议。通过充分了解市场动态、分析价格趋势、评估潜在风险，投资者可以作出更明智的投资决策。

4. 长期投资

期货投资需要时间和耐心，投资者应该树立长期投资的理念。避免过于追求短期收益而采取冒进的投资行为，要注重稳健和可持续性的发展。

三、资金管理策略

1. 固定比例止损

投资者可以设定固定的止损比例，如每次交易亏损不超过总资金的 2% 或 3%。这种策略适用于初入市场或经验不足的投资者，可以帮助他们控制风险并逐步积累经验。

2. 动态止损

对于经验丰富的投资者，可以根据市场走势和价格波动灵活调整止损点。例如，当市场价格持续上涨时，可以适当提高止损点以保护利润；当市场价格下跌时，则降低止损点以减少损失。

3. 仓位管理

投资者应该根据自身风险承受能力和市场情况合理分配资金进行建仓。一般来说，建议采用逐步建仓的方式，避免一次性投入大量资金。同时，要密切关注市场动态，及时调整仓位以降低风险。

4. 风险管理

除了止损外，投资者还可以采取其他风险管理措施，如分散投资、设置止盈点等。通过合理的风险管理措施，投资者可以在市场波动中保持冷静并作出明智的决策。

正确的资金管理策略能够帮助投资者在市场波动中保持冷静、减少损失并增加盈利机会。因此，投资者应该重视资金管理的重要性并采取适当的策略来管理自己的资金。

第七章

期货套期保值

第一节　套期保值的定义与原理

套期保值，也称为对冲交易或衍生品交易，是一种通过买卖衍生品（如期货、期权等）来对冲现货市场风险的行为。

一、套期保值的定义

套期保值是指在现货市场买入或卖出一定数量的商品的同时，在衍生品市场上进行相反的操作，以实现风险对冲。这种操作的主要目的是减少价格波动带来的风险，使交易者能够更加稳定地经营。

二、套期保值的原理

1. 价格波动性

套期保值的基本原理是利用衍生品市场和现货市场的价格波动性。由于市场供求关系的变化，商品价格会不断波动。这种波动性可能给交易者带来风险，因为价格的下跌可能会导致亏损。而套期保值可以通过在衍生品市场上进行反向操作，将这种价格波动性对冲掉，从而减少风险。

2. 反向操作

套期保值要求在现货市场和衍生品市场上进行反向操作。例如，如果交易者在现货市场上买入商品，那么他们会在衍生品市场上卖出期货合约。这样，当现货价格上涨时，期货合约的价格会下跌，反之亦然。这种反向操作能够抵消掉两个市场的价格波动，使交易者能够更加稳定地经营。

3. 风险对冲

套期保值的核心是风险对冲。通过在两个市场上的反向操作，交易者能够将价格波动带来的风险对冲掉。

三、套期保值的优点和缺点

1. 优点

（1）降低风险：套期保值能够降低价格波动带来的风险，使交易者能够更加稳定地经营。

（2）锁定成本：通过套期保值操作，交易者可以锁定成本或售价，避免价格波动带来的损失。

（3）提高资金利用率：套期保值操作通常采用保证金制度，交易者只需缴纳一定比例的保证金即可进行操作，提高了资金利用率。

2. 缺点

（1）高成本：套期保值操作需要支付较高的手续费和保证金等成本，增加了交易者的成本负担。

（2）复杂性：套期保值操作需要掌握一定的投资技巧和市场分析能力，否则容易出现失误和损失。

（3）市场风险：虽然套期保值能够降低价格波动带来的风险，但市场风险仍然存在。如果市场出现极端情况或突发事件，可能会导致套期保值操作的失败。

四、套期保值的适用范围

1. 生产商和贸易商

生产商和贸易商可以通过套期保值来锁定成本或售价，避免价格波动带来的损失。例如，生产商可以在期货市场上卖出期货合约来锁定未来的售价，贸易商可以在期货市场上买入期货合约来锁定未来的采购成本。

2. 投资者

投资者可以通过套期保值来降低投资组合的风险。例如，投资者可以在股票市场上买入股票的同时在期权市场上卖出期权合约，以对冲股票价格波动带来的风险。

3. 金融机构

金融机构可以通过套期保值来管理风险和提高收益。例如，银行可以通过卖出债券期货合约来对冲债券价格波动带来的风险；保险公司可以通过买入股指期货合约来对冲股票市场波动带来的风险。

第二节　套期保值的策略与操作

期货套期保值的策略和操作对于投资者来说非常重要，下面将详细介绍：

一、期货套期保值的策略

1. 买入套期保值

买入套期保值是指投资者在期货市场买入期货合约，以规避未来价格上涨的风险。这种策略通常适用于投资者预期未来价格上涨，但担心现货市场价格波动的情况。

例如，某投资者预期未来几个月内玉米价格会上涨，但担心现货市场价格波动，因此决定在期货市场买入玉米期货合约。如果未来价格上涨，期货合约的价值也会上涨，从而抵消了现货市场的损失。

2. 卖出套期保值

卖出套期保值是指投资者在期货市场卖出期货合约，以规避未来价格下跌的风险。这种策略通常适用于投资者预期未来价格下跌，但担心现货市场价格波动的情况。

例如，某投资者预期未来几个月内大豆价格会下跌，但担心现货市场价格波动，因此决定在期货市场卖出大豆期货合约。如果未来价格下跌，期货合约的价值也会下跌，从而抵消了现货市场的损失。

二、期货套期保值的操作

1. 选择合适的期货合约

在选择期货合约时，需要考虑以下因素：

（1）合约的交割月份：选择与现货市场交易时间相近的交割月份，以降低交割风险。

（2）合约的流动性：选择流动性较好的合约，以便在需要时平仓或交割。

（3）合约的价格波动性：选择价格波动性适中的合约，以降低交易成本和风险。

2. 制订交易计划

在制订交易计划时，需要考虑以下因素：

（1）确定套期保值的比例：根据投资者的风险承受能力和资金规模，确定套期保值的比例。

（2）确定交易的止损点：根据投资者的风险承受能力和市场情况，确定交易的止损点。

（3）确定交易的止盈点：根据投资者的收益目标和市场情况，确定交易的止盈点。

3. 执行交易

在执行交易时，需要注意以下事项：

（1）及时关注市场动态：密切关注期货市场的价格波动和交易情况，以便及时调整交易策略。

（2）严格执行交易计划：按照交易计划执行买卖操作，不要随意更改或放弃计划。

（3）及时平仓或交割：在达到止损点或止盈点时，及时平仓或交割，以避免损失或错过收益机会。

三、期货套期保值的注意事项

1. 了解市场情况

在进行期货套期保值前，需要了解相关商品的市场情况、供求关系、政策因素等，以便更好地判断未来价格走势。

2. 控制风险

在进行期货套期保值时，需要控制风险，避免过度交易或过度持仓导致损失。同时，需要设定合理的止损点和止盈点，及时平仓或交割。

3. 保持冷静和理性

在进行期货套期保值时，需要保持冷静和理性，不要被情绪左右或盲目跟风。同时，需要遵守交易规则和纪律，不要随意更改或放弃计划。

总之，期货套期保值是一种有效的风险管理工具，可以帮助投资者降低价格波动风险。在进行期货套期保值时，需要制定合适的策略和操作方法，并注意控制风险和保持冷静和理性。

第三节　套期保值的应用场景与案例分析

期货套期保值是一种利用期货市场来对冲现货市场风险、降低价格波动影响的策略。它在各种应用场景中都有广泛的应用，下面将详细介绍一些常见的应用场景和案例分析。

一、应用场景

1. 生产商和贸易商的套期保值

生产商和贸易商在生产和经营过程中，面临着原材料、产品价格波动的风险。为了确保生产和经营的稳定，他们可以利用期货市场进行套期保值。通过在期货市场买入或卖出相应的合约，锁定未来的采购或销售价格，从而避免价格波动带来的损失。

2. 金融机构的套期保值

金融机构在投资和风险管理过程中，也面临着利率、汇率等风险。为了规避这些风险，金融机构可以通过期货市场进行套期保值。例如，金融机构可以在利率期货市场买入相应的合约，以锁定未来的利率水平，从而避免利率波动带来的投资损失。

3. 农业生产和农民的套期保值

农业生产和农民面临着农产品价格波动的风险。为了确保生产和收益的稳定，他们可以利用期货市场进行套期保值。通过在期货市场卖出相应的农产品合约，提前锁定未来的销售价格，从而避免价格波动带来的损失。

二、案例分析

1. 生产商和贸易商的套期保值案例

某钢铁生产企业，面临原材料铁矿石价格波动的风险。为了确保生产成本和销售收入的稳定，该企业决定利用期货市场进行套期保值。具体操作如下：

（1）该企业在期货市场买入一定数量的铁矿石期货合约，以锁定未来的采购成本。

（2）随着时间的推移，铁矿石现货价格出现上涨，但该企业由于在期货市场提前锁定了采购成本，因此避免了价格带来的损失。

通过以上案例分析可以看出，生产商和贸易商利用期货市场进行套期保值可以有效地规避价格波动带来的风险，确保生产和经营的稳定。

2. 金融机构的套期保值案例

某商业银行面临未来利率波动的风险。为了规避利率波动带来的投资损失，该银行决定利用利率期货市场进行套期保值。具体操作如下：

（1）该银行在利率期货市场买入相应数量的合约，以锁定未来的利率水平。

（2）随着时间的推移，市场利率出现下跌，但该银行由于在期货市场提前锁定了利率水平，因此避免了利率波动带来的投资损失。

通过以上案例分析可以看出，金融机构利用期货市场进行套期保值可以有效地规避利率波动带来的风险，确保投资收益的稳定。

3. 农业生产者的套期保值案例

某农民种植了大量的玉米，面临着未来玉米价格波动的风险。为了确保收益的稳定，该农民决定利用期货市场进行套期保值。具体操作如下：

（1）该农民在期货市场卖出相应数量的玉米期货合约，以提前锁定未来的销售价格。

（2）随着时间的推移，玉米现货价格出现下跌，但该农民由于在期货市场提前锁定了销售价格，因此避免了价格下跌带来的损失。

通过以上案例分析可以看出，农业生产者利用期货市场进行套期保值可以有效地规避农产品价格波动带来的风险，确保生产和收益的稳定。

第八章

期货投机与套利

第一节 期货投机交易

一、期货投机交易的概念

期货投机交易是指在期货市场上进行的投资行为，其目的是通过买卖期货合约来获取利润。期货市场是衍生品市场的一种，它为投资者提供了一种在将来某个时间点买入或卖出特定商品或金融工具的方式。期货合约是一种标准化的合约，买卖双方约定在未来某个时间点按照约定的价格交割某种商品或金融工具。

二、期货投机交易的特点

1. 高杠杆性

期货市场通常提供较高的杠杆比率，使得投资者可以用较小的资金控制较大的合约规模。这使得期货投机交易具有较高的潜在收益，但同时也带来了较高的风险。

2. 双向交易

期货市场允许投资者进行买入和卖出操作，这使得投资者可以在市场上涨或下跌时都有机会获取利润。

3. 标准化合约

由于期货合约是标准化的，这使得市场更加透明和公正，也便于期货投机交易和结算。

4. 未来交割

期货合约是在未来某个时间点按照约定的价格交割的，这使得投机者可以规避短期价格波动的影响，关注长期趋势。

三、期货投机交易的策略

1. 趋势跟踪策略

这种策略是跟随市场趋势进行交易，当市场趋势明确时，投资者会买入或卖出相应的期货合约。当市场趋势反转时，投资者会及时止损或止盈。

2. 反转策略

这种策略是预测市场趋势即将发生反转，从而进行相应的买入或卖出操作。当市场趋势反转成功时，投资者可以获取较大的利润。

3. 套利策略

这种策略是通过同时买入低价的期货合约和卖出高价的期货合约来获取价差收益。当市场价格波动时，价差会发生变化，投资者可以通过调整买卖合约的数量来获取利润。

四、期货投机交易的风险

1. 市场风险

由于期货市场价格波动较大，投资者可能会面临较大的市场风险。当市场价格波动超出预期时，投资者可能会遭受较大的损失。

2. 流动性风险

在某些情况下，由于市场流动性不足，投资者可能会面临无法平仓或平仓成本过高的风险。

3. 交割风险

如果投资者持有的期货合约在到期前没有平仓，将会面临交割风险。如果市场价格波动较大，投资者可能会遭受较大的损失。

4. 杠杆风险

由于期货市场通常提供较高的杠杆比率，投资者可能会面临较大的杠杆风险。当市场价格波动超出预期时，投资者可能会遭受较大的损失。

五、如何进行期货投机交易

1. 制订明确的投资计划

在进行期货投机交易之前，投资者应该制订明确的投资计划，包括投资目标、资金管理、风险控制等方面。

2. 进行充分的市场分析

在进行期货投机交易之前，投资者应该对市场进行分析，包括宏观经济环境、行业趋势、市场供需等方面。通过充分的市场分析，投资者可以更好地把握市场趋势和价格波动规律。

3. 控制风险

在进行期货投机交易时，投资者应该控制风险，包括设置止损点、分散投资等方面。通过控制风险，投资者可以避免遭受较大的损失。

4. 保持冷静

在进行期货投机交易时，投资者应该保持冷静和理性，不要被情绪左右。当市场价格波动超出预期时，投资者应该及时止损或止盈，避免情绪化操作。

期货投机交易是一种高风险高收益的投资行为，需要投资者具备较高的市场分析能力和风险控制能力，只有这样，才能更好地把握市场机会并获取利润。

第二节　期货套利交易

一、期货套利交易的基本原理

期货套利交易的基本原理是利用市场上的价格差异，通过买入低价的期货合约并卖出高价的期货合约，以期在未来某一时间点同时将这两个合约平仓，从而获取差价利润。这种策略主要依赖于市场价格的波动性和不稳定性，当市场价格波动时，套利者可以利用这种波动性来获取利润。

二、期货套利交易的种类

1. 跨期套利

跨期套利是指利用不同到期日的期货合约之间的价格差异进行套利交易。例如，当近月合约价格高于远月合约价格时，套利者可以买入近月合约并卖出远月合约，以期在未来某一时间点同时将这两个合约平仓，从而获取差价利润。

2. 跨市套利

跨市套利是指利用不同交易所之间的期货合约之间的价格差异进行套利交易。例如，当伦敦交易所的铜期货价格低于上海交易所的铜期货价格时，套利者可以在伦敦交易所买入铜期货合约，同时在上海交易所卖出铜期货合约，以期在未来某一时间点同时将这两个合约平仓，从而获取差价利润。

3. 跨商品套利

跨商品套利是指利用不同商品之间的价格差异进行套利交易。例如，当大豆期货价格低于玉米期货价格时，套利者可以买入大豆期货合约并卖出玉米期货合约，以期在未来某一时间点同时将这两个合约平仓，从而获取差价利润。

三、期货套利交易的风险

1. 市场风险

市场风险是期货套利交易面临的主要风险之一。市场价格的波动性可能导致套利者的投资组合价值下降，从而产生亏损。此外，市场流动性也可能影响套利交易的执行和结算。

2. 流动性风险

流动性风险是指在执行期货套利交易时，可能难以找到足够的对手方来匹配交易头寸的风险。如果市场流动性不足，套利者可能无法及时平仓或以期望的价格平仓，从而导致亏损。

3. 杠杆风险

杠杆风险是指使用高杠杆率进行套利交易可能产生的风险。高杠杆率可能导致微小的价格变动导致较大的投资组合价值变动，从而增加亏损的风险。

4. 执行成本风险

执行成本风险是指在进行期货套利交易时产生的交易成本和滑点风险。交易成本包括手续费、滑点等费用，这些费用可能影响套利者的盈利能力。

四、期货套利交易的策略

1. 制定合理的投资组合

在制定期货套利交易策略时，首先需要确定合理的投资组合。这需要考虑不同期货合约的价格波动性、相关性等因素，以及自身的风险承受能力和投资目标。

2. 关注市场动态和政策变化

市场动态和政策变化对期货价格具有重要影响。因此，在进行期货套利交易时，需要密切关注市场动态和政策变化，以便及时调整投资策略和头寸。

3. 控制杠杆风险

高杠杆率可能导致较大的亏损风险。因此，在进行期货套利交易时，需要控制杠杆风险，避免使用过高的杠杆率进行交易。

4. 掌握市场规律和交易技巧

在进行期货套利交易时，需要掌握市场规律和交易技巧。这包括了解不同期货合约的价格波动规律、掌握技术分析方法、熟悉交易平台和工具等。通过掌握这些技巧和方法，可以提高交易效率和盈利能力。

五、期货套利交易的应用

1. 应用领域

期货套利交易可以应用于多个领域，如商品市场、金融市场、能源市场等。通过利用不同市场或品种之间的价格差异进行套利交易，可以实现稳健的投资收益。

2. 发展前景

随着经济全球化和互联网的发展，期货市场的规模和影响力不断扩大。同时，随着金融科技的进步和创新，期货套利交易的技术和工具也不断更新和完善。因此，未来期货套利交易具有广阔的发展前景和市场潜力。然而，投资者在进行期货套利交易时仍需注意风险控制和风险管理。通过充分了解市场情况、掌握交易技巧和策略以及制定合理的投资组合，可以实现稳健的投资收益并降低风险。

第三节 期货价差套利指令

一、价差套利指令

价差套利指令相当于将两个或两个以上合约的买卖指令合成为一个组合的指令，套利者使用一个套利指令来完成多个合约的买卖操作。

套利指令通常不需要标明买卖各期货合的具体价格，只要标注两个合约价差即可。在我国，以大连商品交易所和郑州商品交易所为例，套利的保证金单边收取，按照套利持仓组合内交易保证金较高的合约收取。

二、价差套利指令的种类

套利指令主要有四种：套利市价指令、套利限价指令、跨期套利指令和跨品种套利指令。

1. 套利市价指令

是指交易将按照市场当前可能获得的最好的价差成交的一种指令。

2. 套利限价指令

是指当价差达到指定价差时，指令将以指定的或更优的价差来成交。

3. 跨期套利指令

跨期套利指令是指买入（卖出）同一品种较近月份的期货合约，同时卖出（买入）相同数量较远月份期货合约，不标明买卖合约的具体价位，只标明买卖合约价差的指令。

3. 跨品种套利指令

是指同时买进（卖出）和卖出（买进）两个不同标的物期货合约的指令。

另外，如果要撤销前一笔套利交易的指令，则可以使用取消指令。

在中国，大连商品交易所有跨期套利指令、跨品种套利指令和压榨利润套利交易指令三类；郑州商品交易所有跨期套利指令和跨品种套利指令。

三、套利市价指令和限价指令的应用

套利指令，分为市价指令和限价指令两类。

1. 套利市价指令的应用

如果套利者希望以当前的价差水平尽快成交，则可以选择使用市价指令。在使用套利市价指令时，套利者不需要注明差价的大小，只需注明买入（卖出）期货合约的种类和月份即可。具体成交的价差大小，取决于指令执行时点上市场行情的变化情况。该指令的优点是成交速度快，缺点是在市场行情发生较大变化时，成交的价差可能与交易者的预期有较大差距，有一定的风险。

例如，某交易者看到商品交易所报价系统上1月份和5月份大豆期货的价差为-180元/吨。该交易者认为价差会增大，于是尽快入市买入1月份合约，同时卖出5月份合约进行套利，下达了组合指令买单的市价指令。这期间，两个合约的期货价格可能会发生变化，价差也会随之变化。可能比"-180元/吨"变大或者变小，盈亏也有所不同。如果市场行情没有突然变化，采用市价指令可以使套利者迅速以大约-180元/吨的价差建仓。

2. 套利限价指令的应用

如果套利者希望以一个理想的价差成交，可以选择使用套利限价指令。套利限价指令可以保证交易能够以指定的甚至更好的价位来成交。使用限价指令进行套利时，需要注明具体的价差和买入（卖出）期货合约的种类和月份。该指令的优点在于可以保证交易者以理想的价差进行套利，但是由于限价指令只有在价差达到所设定的条件时才可以成交，所以不能保证立刻成交。

例如，某套利者看到商品交易所报价系统上1月份和5月份玉米期货的价差为120元/吨。该套利者认为价差还会增大，想买入1月份合约同时卖出5月份合约进行套利。于是下达组合指令的买单的限价指令，设定的价差为115元/吨。该指令意味着只有价差小于或等于 115 元／吨时，该指令才能够被执行。例如，该指令有可能最终以 110 元／吨的价差成交，该价差会比预先设定的 115 元／吨的价差更有利。

第九章

衍生品的交易

第一节 衍生品的工具

衍生品的工具包括：远期、期货、期权和互换，这也是衍生品市场上四大类产品。

一、远期

远期，也称为远期合约，是一种未来在特定日期按照约定的价格交割某种资产的合约。这种合约通常用于对冲未来价格波动的风险，或者用于投机可能的未来价格变动。在远期合约中，买方和卖方约定在未来某一日期按照约定的价格交割某种资产，如商品、货币或利率等。

远期合约的特点是交易对手之间不需要有信用记录，而且远期合约通常不在交易所上市交易，因此流动性相对较差。此外，由于远期合约是一种非标准化的合约，其条款和条件可以由交易对手自行协商确定。

二、期货

期货，也叫期货合约，是一种标准化的合约，买卖双方约定在未来某一特定日期按照约定的价格交割某种资产。期货合约通常在交易所上市交易，因此具有较高的流动性和透明度。期货合约的标准化程度较高，买卖双方需要遵守交易所的规定和标准条款。

期货合约主要用于对冲价格风险和投机可能的未来价格变动。通过买入或卖出期货合约，参与者可以锁定未来的买入或卖出价格，从而对冲未来价格波动的风险。此外，期货市场也可以提供套利机会，通过买入低价的期货合约并卖出高价的期货合约来获得无风险利润。

三、期权

期权，也称为期权合约，是一种赋予持有者在未来某一日期以特定价格购买或出售基础资产的权利的合约。期权可以分为看涨期权和看跌期权两种类型，分别赋予持有者在未来某一日期以特定价格购买或出售基础资产的权利。

期权合约的特点是持有者拥有权利而非义务，因此风险相对较小。此外，期权合约的价格受到多种因素的影响，如基础资产的价格、行权价格、剩余到期时间、波动率等。因此，期权市场可以提供丰富的投资机会和风险管理工具。

期权合约通常用于对冲价格风险、投机可能的未来价格变动以及实现资产的保值增值。通过买入或卖出期权合约，参与者可以锁定未来的买入或卖出价格，从而对冲未来价格波动的风险。此外，期权市场也可以提供套利机会，通过买入低价的期权合约并卖出高价的期权合约来获得无风险利润。

四、互换

互换，是双方或多方约定好交换物品或者权利义务等的一个过程。互换在金融领域的运用，是将互换的标的附加于金融工具之上，产生了金融互换。金融领域的互换，是指两个或两个以上的当事人按照商定条件，在约定时间内交换一系列现金流的合约，它是一种场外衍生品。

一般情况下，互换协议要确定支付现金流的日期以及现金流的计算方法。现金流取决于所涉及的金融工具类型。

远期合约，可被看作互换的最简单形式，相应地可将远期合约看成仅交换一次现金流的互换。由于互换双方会约定在未来交换多次现金流，又可将互换可看作一系列远期的组合。

根据互换标的物以及计算现金流的方式不同，互换可分为很多类型，其中最常见的有利率互换和货币互换，还有商品互换、权益类互换和远期互换等。

互换是参与者进行风险管理的重要工具，同时也是联系债券市场和货币市场的重要桥梁。利率互换是场外利率衍生品中成交量最大的品种，在衍生品市场中占有重要地位。货币互换在场外外汇衍生品中具有举足轻重的地位。

第二节　衍生品交易特征

衍生品是由其所依附的标的物的特定变量所决定的合约。随着经济金融的快速发展，衍生品所依附的标的物不断扩充，到目前为止，衍生品标的物包括小麦、玉米、大豆、棉花等农产品，也包括股票、债券等基础证券，还包括外汇、黄金、白银、石油、钢材等。衍生品远期、期货、期权和互换，分别具有如下特征：

一、期货交易特征

衍生品交易的主要特征表现在期货上，主要可以归纳为以下几个方面：

1. 合约标准化

期货合约是由交易所统一制定的标准化合约，在合约中，标的物的数量、规格、交易时间和地点等都是既定的。这种标准化合约给期货交易带来了极大的方便，交易双方不需要事先对交易的具体条款进行协商，从而节约了交易成本，提高了交易效率和市场流动性。

2. 集中竞价

期货交易实行场内交易，所有买卖指令必须在交易所内进行集中竞价成交。只有交易所的会员方能进场交易，其他交易者只能委托交易所会员，由其代理进行期货交易。

3. 保证金制度

期货交易实行保证金制度，交易者在买卖期货合约时，按合约价值的一定比例缴纳保证金作为履约保证，即可进行数倍于保证金的交易。这种以小搏大的保证金交易，也被称为"杠杆交易"。

4. 双向与对冲

期货交易采用双向交易方式。交易者既可以买入减仓,即通过买入期货合约开始交易,也可以卖出建仓,即通过卖出期货合约开始交易。前者称为"买空",后者称为"卖空"。

所谓对冲机制,是交易者在期货市场建仓后,大多并不是通过交割来结束交易,而是通过对冲了结。买入建仓后,可以通过卖出同一期货合约来解除履约责任;卖出减仓后,可以通过买入同一期货合约来解除履约责任。

5. 当日无负债结算

期货交易实行当日无负债结算。结算部门在每日交易结束后,按当日结算价对交易者结算所有合约的盈亏、交易保证金和手续费、税金等费用,对应收应付的款项实行净额一次转划,相应增加或减少保证金。如果交易者的保证金余额低于规定的标准,则需追加保证金,从而做到"当日无负债"。

二、远期交易特征

远期交易是一种衍生品交易,现在远期交易已经得到很大的发展。有如下特征:

1. 场外交易

远期交易在场外进行,这是一个分散的市场,交易双方通过谈判签订远期合约,合约内容是非标准化的。在合约签订时,双方根据彼此的需求通过协商来确定到期时间、交割价格、交易数量等合约条款,具有很大的灵活性,能够更好地满足双方个性化的需要。

2. 实物交割

远期合约买方和卖方了结合约的方式,通常是在合约规定的结算时间,通过支付交割款项,并转移特定数量和特定品质的标的资产。

这是远期合约最常见的交割方式。目前也有一些远期合约采用现金交割的方式，即通过计算到期的盈亏，以亏损方支付盈利方与盈亏数额相等的货币结清交易。

3. 流动性差

远期交易的一方希望把合约转让给第三方从而提前终止合约，但很难找到刚好需要同样标的资产、同样数量、同样到期期限等各种条款都符合已存合约的转让对手。因此，远期合约流动性较差，提前终止合约通常较难。

4. 违约风险大

由于场外市场原本只涉及交易双方，只要双方合意，即可达成交易。合约能否按期履约，主要取决于双方的信用状况，第三方监管措施空白，一旦市场价格的变动对一方不利，其违约的可能性就会增加。

三、期权交易特征

期权交易的最大特点，就是买卖双方权利、义务、收益和风险均不对等，主要表现为：

1. 权利不对等

合约中约定的买入或卖出标的物的选择权归属买方。期权买方向卖方支付一定数额的期权费后，便取得了在约定的期限内以约定价格向卖方购买或出售一定数量标的物的权利。

2. 义务不对等

卖方负有必须履约的义务，即卖方获得期权费后，便负有向期权买方出售标的物或购买标的物的义务，当买方要求执行期权时，卖方必须履约。

3.收益和风险不对等

当标的物市场价格向有利于买方变动时，买方可能获得巨大收益，卖方则会遭受巨大损失；而当标的物市场价格向不利于买方变动时，买方可以放弃期权，买方的最大损失等于权利金，卖方的最大收益等于期权费。所以，在期权交易中，买方的最大损失为权利金，潜在收益巨大；卖方的最大收益为权利金，潜在损失巨大。

4.保证金缴纳情况不同

因为卖方面临较大风险，所以必须缴纳保证金作为履约担保；而买方的最大风险限于已经支付的权利金，所以无须缴纳保证金。

四、互换交易特征

互换交易是指对相同货币的债务和不同货币的债务通过金融中介进行互换的一种行为。具有如下特征：

1.流动性强

互换交易市场是全球性的金融市场，参与者包括银行、证券公司、保险公司、基金公司等金融机构，以及一些大型企业和个人投资者。互换交易市场主要通过电子交易平台进行，所以，市场价格透明度高，流动性强。

2.品种丰富

互换交易品种丰富多样，包括利率互换、货币互换、信用违约互换等。利率互换是双方约定在未来某一日期交换利率支付的合约；货币互换是双方约定在未来某一日期交换不同货币支付的合约；信用违约互换则是双方约定在未来某一日期交换信用风险事件的支付。

3.具有风险

互换交易存在一定的风险，包括市场风险、信用风险、流动性风险等。市场风险是指由于市场价格波动导致合约价值变化的风险；信用风险是指一方可能无法履行合约义务的风险；流动性风险是指由于市场缺乏足够的买家或卖家而导致合约难以成交的风险。

第三节　衍生品之间联系和区别

一、衍生品之间的联系

1. 期货与远期的联系

远期交易是指买卖双方签订远期合同，是规定在未来某一时间进行实物商品交收的一种交易方式。现货交易是现有商品的流通，远期交易是未来生产出的、尚未出现在市场上的商品流通。远期交易在本质上，属于现货交易，是现货交易在时间上的延伸而已。

期货交易与远期交易的相似之处，最突出的是两者均为买卖双方约定于未来某一特定时间以约定价格买入（卖出）一定数量的商品。远期交易是期货交易的雏形，期货交易是在远期交易的基础上发展起来的。

2. 期货与期权的联系

期货合约和场内期权合约都是场内交易的标准化合约，都可以进行双向操作，都是通过结算所统一结算。场内期权中又以期货期权与期货的联系最为密切，期货期权是交易未来一定数量期货合约的权利，因此，期货期权是期权和期货合约的有机结合。

期货交易是期货期权交易的基础。期货市场越发达，期权市场也就越成熟。

3. 期货与互换的联系

期货交易得益于远期交易的发展，是对远期交易进行合约标准化、交易场所由场外转移到场内等一系列变革；互换交易是交易双方按照商定条件，在约定时间内交换一系列现金流的交易，是一系列远期交易的组合，在远期交易的数量上有了突破。

因此，远期合约是期货和互换的基础，期货和互换是对远期合约创新后的衍生工具。远期协议可以被用来给期货定价，也可以被用来给互换定价。互换利率是市场重要的参考利率，而互换利率与短期利率期货的利率联系密切。人们在实践中，还经常使用期货对互换进行套期保值。

二、衍生品之间的区别

1. 期货与远期的区别

(1) 交易对象不同。期货交易的对象是交易所统一制定的标准化期货合约，这是一种可以反复交易的标准化合约，在期货交易中（除实物交割外），并不涉及具体的实物商品买卖，因此适合期货交易的品种很有限。

远期交易的对象是交易双方私下协商达成的非标准化合同，对所涉及的商品没有任何限制。远期合同交易代表着两个交易主体的意愿，交易双方通过一对一的谈判，达成一致意见并签订远期合同。

(2) 功能作用不同。期货交易的主要功能是规避风险和发现价格。期货交易者通过公开、公平、公正、集中竞价的方式进行期货合约的买卖，易于形成一种真实而权威的期货价格，同时又为套期保值者提供了回避、转移价格波动风险的机会。

远期交易尽管也能调节供求关系、减少价格波动，但远期合同的流动性不足，限制了其价格的权威性和分散风险的作用。

(3) 履约方式不同。期货交易有实物交割与对冲平仓两种履约方式，其中绝大多数期货合约都是通过对冲平仓的方式了结的。

远期交易履约方式主要采用实物交收方式，虽然也可采用背书转让方式，但最终的履约方式是实物交收。

(4) 信用风险不同。在期货交易中，以保证金制度为基础，实行当日无负债结算制度，当日进行结算，信用风险较小。

远期交易从交易达成到最终完成实物交割有相当长的时间，在此时间里，市场会发生各种变化，各种不利于履约的行为都有可能出现。加之远期合同不易转让，所以远期交易具有较高的信用风险。

(5) 保证金制度不同。期货交易有特定的保证金制度，按照成交合约价值的一定比例向买卖双方收取保证金。

而远期交易是否收取或收取多少保证金，这些都由交易双方商定，所以具有不确定的因素。

2. 期货与期权的区别

(1) 交易对象不同。期货交易是可转让的标准化合约，合约的标的物是实物商品或者金融工具。

期权交易则是未来买卖某种资产的权利，其标的物的范围更广，期权的标的物不仅是商品或金融工具，也可以是其他的衍生品合约。

(2) 权利与义务的对称性不同。期货交易双方都要承担期货合约到期交割的义务，如果不愿交割，则必须在有效期内对冲。

期权的买方，在支付权利金后，即获得了标的资产买卖选择权，可以选择执行期权，也可以放弃执行，而不必承担义务；期权的卖方，则有义务在买方行使权利时，按约定向买方买入或卖出标的资产。

(3) 保证金制度不同。在期货交易中，买卖双方都要根据期货合约价值缴纳保证金，作为履约的保证。

在期权交易中，买方向卖方支付权利金后，获得买卖标的资产的权利，而不必承担义务，其风险是权利金的损失，因此期权买方不需要再缴纳保证金。对期权卖方来说，他在收取对方权利金的同时，就要随时应对买方要求履约，因此，需要缴纳一定的保证金，以保证履行期权合约。

(4) 盈亏特点不同。期权买方的收益随市场价格的变化而波动，可能很大，其亏损则只限于购买期权的权利金，而卖方的收益是期权的权利金，其亏损则可能很大。期权交易双方的盈亏曲线是非线性的。期货交易的盈亏是对称的，其盈亏曲线为线性。

(5) 了结方式不同。期货交易中，投资者可以通过对冲平仓或实物交割的方式了结仓位，而大多数投资者均选择对冲平仓而非到期交割。

期权交易中，投资者了结的方式包括三种：对冲、行使权利或到期放弃权利。在标的资产向有利方向变化时，有的美式期权提前执行更为有利，而欧式期权选择对冲了结的则更多。在标的资产向不利方向变化时，期权买方可以持有到期，放弃权利。

3. 期货与互换的区别

(1) 标准化程度不同。期货交易的对象是交易所统一制定的标准化期货合约，期货合约的商品品种、数量、质量、交货时间、交货地点等条款都是既定的，是标准化的，唯一的变量是价格，交易双方不用再为合约条款进行逐一商谈。

互换交易的对象则是交易双方私下协商达成的非标准化合同，合同的标的物及其数量、质量、等级等均由交易双方自行协商决定，是个性化的，不同互换在标的物的数量、质量上均有差异。

(2) 成交方式不同。期货交易是在交易所组织的有形的公开市场内，通过电子交易系统撮合成交，价格具有公开性、权威性。

互换交易一般无固定的交易场所和交易时间，可以在银行市场或者柜台市场的交易商之间进行，也可以与最终客户直接交易，主要通过人工询价的方式撮合成交。

(3) 合约双方关系不同。期货交易的合约履行，不取决于交易对手，期货结算机构在期货交易中充当中央对手的角色，成为所有买方的卖方、所有卖方的买方，因此，交易者无须关心交易对手是谁、信用如何，只需在交易所完成交易即可，市场信息成本很低。

互换交易的协议是由交易双方直接签订的，是一对一的，互换的违约风险主要取决于对手的信用，因此，在签约前，交易双方都会对对方的信用和实力等方面做充分的了解。

第十章

期货市场的风险控制

第一节　期货市场风险的特征

一、风险是客观存在的

期货市场风险是客观存在的，这是期货市场风险的共性。在任何市场中，都存在由于不确定性因素而导致损失的可能性；期货市场风险也来自期货交易内在机制的特殊性，期货交易的产生给套期保值者规避风险提供了有效手段，没有风险就不会有套期保值。因为期货交易具有的"杠杆效应"、双向交易、对冲机制的特点，从而吸引了众多投机者的参与，这些就蕴含了很大的风险。

二、风险与机会一币两面

期货交易有风险，不仅意味着可能发生损失，也有着获取高额收益的可能，即高收益与高风险并存。期货交易的这种共生性，是期货投机的驱动力。与此同时，既然期货交易存在高风险，也会给交易者带来压力，促使交易者规范交易行为，使风险降到最低限度。

三、将风险因素放大

期货市场与现货市场相比较，风险具有放大性的特征，主要有以下三方面原因：

1. 以小博大

期货交易实行保证金制度，由于保证金交易具有杠杆性和"以小博大"的特征，投机性较强，将会有更高风险出现的可能性。

2. 双向交易

期货交易是双向交易，并可采取对冲交易方式了结合约，对冲机制在一定程度上增加了交易者的投机动机，容易诱发过度投机现象，从而扩大交易风险。

3. 风险集中

期货交易采用 T+0 制度，这一交易制度给交易者带来频繁交易的机会，导致交易量过大，风险会过度集中。

四、风险损失均等

期货交易的风险，可能带来的损失客观存在，又是均等的。在期货市场上，无论是套期保值者还是投机者，尽管面临风险程度的大小是由交易者持有的头寸和经济实力的差异决定的，但他们都同样面临遭受损失的风险。

而套期保值者，虽然是在两个市场上同时进行交易，两个市场的盈亏可以大体相抵，但仍然面临着基差不利变动可能带来的损失。对投机者而言，如果市场的变化与他的判断、预期相反，也会遭受损失。

五、风险的防范

期货市场风险虽然存在不确定因素，但也不是不可预测的。期货市场风险的产生与发展存在着自身的运行规律，可以根据历史资料和统计数据等对期货市场变化过程进行预先测定，掌握其征兆和可能产生的后果，并完善风险监管制度和采取有效措施，达到规避、分散和减弱风险的目的。

第二节　期货市场风险如何发生

期货市场风险发生的来源，主要有四个方面：价格波动、保证金交易的杠杆效应、交易者的非理性投机和市场机制的不健全。

一、价格是波动的

市场经济中，商品的价格是受供求关系因素的影响而上下波动的。生产者和经营者，经受着价格波动的不可预期性，从而增加了生产和经营的不稳定性。期货市场的运行机制，导致价格频繁地异常波动，这就产生了较高的风险。

二、杠杆效应风险高

期货交易的保证金制度，使交易者只需支付期货合约一定比例的保证金便能进行交易，一般情况下，保证金比例通常是期货合约价值的 5% ~ 15%，作为合约的履约担保。这种以小博大的高杠杆，吸引了大批投机者加入，便也放大了价格的波动风险。只要价格小幅波动，可能使头寸规模较大的交易者损失大量保证金。市场价格变化巨大，交易者可能无力支付巨额亏损而发生违约。期货交易的杠杆效应是期货市场高风险的重要原因。

三、投机是非理性的

在期货交易中，投机者不可缺少，他们是价格风险的承担者，也是价格发现的参与者。他们不仅促进合理价格形成，也能提高市场的流动性。不可回避的是，由于市场管理不健全、制度实施不严，投机者会受利益驱使，利用自身的优势进行市场操纵，这种违法活动既扰乱了市场正常秩序，扭曲了价格，影响了价格发现功能的实现，还造成了不公平的竞争。

四、不健全的市场机制

在期货市场中，由于管理法规和市场机制不健全，就能产生流动性风险、结算风险和交割风险等。

第三节　期货市场的风险控制

一、期货交易所的风险控制

1. 明确风险的来源

期货交易所是期货交易的直接管理者和风险承担者，交易所的风险控制是市场风险监控的核心。

期货交易所风险来源有两个：一是监控执行风险；二是市场非理

性价格波动风险。

（1）监控执行风险

期货交易所的风险监控制度，如保证金制度、逐日盯市制度、当日无负债结算制度、最大持仓限制制度和大户申报制度等，是规避风险的保证。影响风险发生的关键，是交易所的监管能不能有效和及时发现问题，以便及时得以处理。

（2）非理性价格波动风险

在期货市场中，如果没有期货价格的频繁波动，投机者就失去了获取风险收益的机会，套期保值者也无须规避价格波动风险，因此期货市场就没有存在的必要。所以，价格波动引发的风险是期货市场客观的风险。理性的价格波动一般是可以驾驭的，但非理性价格波动造成的风险是难以驾驭的。正是这种非理性的人为因素，影响了期货市场的正常经营。

2. 建立风险监控制度

按照期货交易所能产生的风险，一般应采取以下措施：

（1）加强资本的充足性管理，制定适当的资本充足标准，以避免信用风险发生。

（2）严格根据资本的多少，来确定交易时的持仓限额。

（3）合理调整保证金率，以避免发生连锁性的合同违约风险。

（4）协调期货和现货市场，以增强衍生品的流动性和应变能力，降低流动性风险。

3. 建立动态风险监控机制

及时地控制风险非常必要。交易所应建立动态监控系统全程监控，对交易价位的变动、交易规模的变化、交易头寸的转换、账户存有资金和持仓规模的比例等，要及时掌握情况，做好风险防范工作。

4.建立管理风险基金

由于交易所本身的原因，如交易所会员破产、倒闭；交易所遇到不可抗拒的因素无法履约，所以建立风险基金非常重要。一旦发生上述事件，交易所必须从风险基金中划拨亏损金额，以承担履约责任，这也是交易所整体抗风险能力的反映。

二、期货公司的风险控制

期货公司是作为代理期货业务的法人主体，风险管理非常必要。一般采用的风险监管措施如下：

1.严格遵守净资本管理的有关规定

期货公司风险控制以净资本为核心，充足的资本是期货公司应对和解决风险的基础和保障。《期货公司风险监管指标管理办法》明确要求，期货公司必须持续符合以下风险监管指标标准：净资本与净资产的比例不得低于20%；净资本不得低于人民币3000万元；流动资产与流动负债的比例不得低于100%。

2、设立首席风险官制度

《期货公司首席风险官管理规定》要求，首席风险官对期货公司经营管理中可能发生的违规事项和可能存在的风险隐患进行质询和调查，并重点检查期货公司是否依据法律、行政法规及有关规定，建立健全和有效执行以下制度：

（1）期货公司客户保证金安全存管制度。

（2）期货公司风险监管指标管理制度。

（3）期货公司治理和内部控制制度。

（4）期货公司经纪业务规则、结算业务规则、客户风险管理制度和信息安全制度。

（5）期货公司员工近亲属持仓报告制度。

（6）其他对客户资产安全、交易安全等期货公司持续稳健经营有重要影响的制度。

3. 掌控客户信用风险

(1) 严格开户程序。期货公司要根据证监会的要求和交易所制定的标准，建立健全客户管理制度，履行客户开户环节的标准验证，做好对客户的管理。

(2) 严格委托程序。在接受客户委托时，严格依法操作，注意及时提醒客户风险，依法履行通知义务。

(3) 根据客户资信情况进行风险管理。期货公司一般应在交易所规定的保证金之上，再增加一定比率资金。期货公司对客户有最大持仓限额。

4. 严格经营管理

必须及时公开市场信息、数据，理性地参与市场。严禁为了私利而采用违规手法，扰乱正常交易；对财务的监督，必须坚持财务、结算的真实性，坚持对客户和自身在期货交易全过程中的资金运行进行全面的监督。

三、期货交易者的风险控制

期货交易者分别为个人投资者和机构投资者，分别有如下的风险防范措施：

（一）个人投资者

1. 了解和认识基本特点

投资期货市场，必须对期货交易有足够的了解和认识，有识别交易中的欺诈行为的能力。

2. 选择期货公司

对期货公司的资信要有所了解，其交易业绩、代理业务的范围和资格都要清楚，要寻找安全可靠的期货经纪公司。

3. 降低风险

入市前要估计期货市场的风险，正确估量自己的财力，制定正确投资战略，充分利用各种技术手段化解风险。

4. 约束自身行为

个人投资者必须严格遵守政府、交易所、经纪公司的有关法规，约束自身行为，严禁违法交易，不断提高业务技能，诚实守信、严格履约。

（二）机构投资者

1. 建立风险管理系统

投资机构的董事会、高层管理部门和风险管理部门组成风险管理系统。高层管理部门负责拟定风险管理的书面程序，并报董事会同意。董事会定期考核机构风险状况，对程序进行评估与修正。风险管理部门必须独立于业务部门，是联系董事会、高层管理部门和业务部门的纽带。

2. 制定合理的风险管理流程

风险管理流程应包括：

（1）风险衡量系统，对交易中的风险进行及时的衡量。

（2）风险限制系统，即为风险设置分类界限，保证风险超过界限时，要及时得以限制。

（3）管理资讯系统，即由风险管理部门将所衡量的风险及时向管理部门和董事会报告。

3. 建立相互制约的内部监控机制

将前台、后台和中台形成相互制约的关联机制。

前台负责具体交易操作，严格各项操作规定并按有关规定和权限调拨与管理交易资金。

后台负责每天交易复核、对账，确认买卖委托，以及各类财务处理并跟踪近期交易（即确认到期交易合约）情况。独立监管前台交易和完成后续结算，进行交易风险的评估。

中台负责监督并控制前台与后台的一切业务操作，核对持有头寸限额，负责比较后台结算与前台交易之间计算出的损益情况，并根据交易的质量采取必要的措施。加强并充分发挥中台的监督作用。

4. 加强内部风险监控的力度

在协同有关部门进行内部风险监控时，应采用总量控制和交易程序化的方式，以实现在期货交易中降低风险获取盈利的目的。

5. 强制执行交易风险监控措施

要强制交易人员贯彻执行监控手段，包括管理目标、交易形式、交易管理手段。交易人员的授权权限要有限制，要有交易损失与收益的评估标准，要有计算盈亏差额的结算原则。依据这些手段，就可以对整个交易过程进行有效的监控。

第十一章

期货实战交易技巧

第一节　心理素质培养与实战技巧

期货市场是一种高风险、高收益的投资场所，投资者在面对市场波动、价格波动和风险波动时，需要具备良好的心理素质和实战技巧，才能更好地把握市场机会，实现投资目标。因此，下面将从心理素质和实战技巧两个方面，探讨如何提高期货投资者的投资水平和盈利能力。

一、心理素质培养

1. 保持冷静与理性

期货市场是一个充满不确定性和风险的市场，投资者在面对市场波动时，很容易受到情绪的影响，从而做出错误的决策。因此，保持冷静和理性是投资者必备的心理素质。在面对市场波动时，投资者应该保持冷静，不要被情绪左右，不要盲目跟风，不要被市场噪音干扰。同时，投资者应该理性分析市场走势和价格波动，不要被主观臆断和偏见所左右。

2. 树立正确的投资观念

正确的投资观念是投资者成功的关键。投资者应该树立正确的投资观念，包括风险意识、长期投资、价值投资等。在投资过程中，投资者应该注重风险控制，不要盲目追求高收益，不要把投资当作赌博。同时，投资者应该坚持长期投资的理念，不要被短期市场波动所影响，不要频繁买卖。此外，投资者还应该注重价值投资，不要盲目跟风炒作概念股。

3. 培养良好的心态

良好的心态是投资者成功的保障。在期货市场中，投资者需要面对各种不确定性和风险，需要保持平和的心态和稳定的情绪。在面对亏损时，投资者应该保持冷静和理性，不要过于自责或惊慌失措。同时，投资者应该积极面对亏损并寻找原因和解决方案。在面对盈利时，投资者应该保持谦虚和谨慎的态度，不要骄傲自满或盲目自信。此外，投资者还应该学会调整自己的心态和情绪，以更好地应对市场的变化。

二、实战技巧提升

1. 掌握基本的技术分析方法

技术分析是期货市场中最常用的分析方法之一。投资者应该掌握基本的技术分析方法，如 K 线图、趋势线、支撑位、压力位等。通过技术分析方法的分析和判断，投资者可以更好地把握市场走势和价格波动。同时，投资者还应该注重技术分析方法的综合运用和灵活运用。例如，在分析市场走势时，可以将 K 线图与趋势线相结合进行分析；在分析价格波动时，可以将支撑位与压力位相结合进行分析。

2. 掌握基本的交易策略和技巧

交易策略和技巧是期货投资中不可或缺的一部分。投资者应该掌握基本的交易策略和技巧，如止损、止盈、加仓、减仓等。通过合理的交易策略和技巧的运用，投资者可以更好地控制风险、提高收益。同时，投资者还应该注重交易策略和技巧的灵活运用和综合运用。例如，在止损方面，可以将固定止损与移动止损相结合；在加仓方面，可以将金字塔加仓与倒金字塔加仓相结合。

3. 学会控制风险

控制风险是期货投资中最重要的环节之一。投资者应该学会控制风险的方法和技巧。首先，投资者应该设定合理的止损位和止盈位；其次，投资者应该掌握仓位管理的方法和技巧；最后，投资者应该学会分散投资以降低风险。同时，投资者还应该注重风险控制与收益的平衡考虑。例如，在控制风险方面可以选择轻仓操作或者使用对冲策略来降低风险；在分散投资方面可以选择不同品种或者不同市场的投资来降低风险。

4. 不断学习和提高自己的能力

期货市场是一个不断变化的市场，投资者需要不断学习和提高自己的能力以适应市场的变化。首先，投资者应该学习基本的金融知识和投资知识；其次，投资者应该关注市场动态和政策变化以了解市场趋势；最后，投资者应该不断学习和掌握新的技术和方法以提高自己的投资水平。同时，投资者还应该注重实践经验的积累和学习效果的评估以不断完善自己的投资能力和心理素质。例如可以通过模拟交易或者实盘操作来积累实践经验并评估自己的学习效果；可以通过参加培训课程或者阅读相关书籍来学习新的技术和方法并提高自己的投资水平。

总之，期货心理素质的培养与实战技巧的提升，是提高期货投资者的投资水平和盈利能力的重要途径之一，从而取得更好的投资收益并实现财富增值。

第二节 止损止盈策略

一、止损止盈策略

1. 止损止盈概述

在期货交易中，止损和止盈是两个非常重要的策略。止损是指当价格波动触及设定的止损点时，交易者会立即执行卖出（买入）的操作，以避免进一步的损失。而止盈则是当价格达到预期的盈利目标时，交易者会选择平仓，锁定利润。

2. 止损策略

（1）固定止损。固定止损是最常见的止损策略，交易者根据历史价格波动或市场分析，设定一个固定的价格点作为止损点。例如，如果交易者认为价格会在 5% 的波动范围内波动，那么可以将 5% 的价位设为固定止损点。当价格跌破这个点时，交易者会立即执行卖出或买入操作。

（2）移动止损。移动止损是指随着市场价格的波动，不断调整止损点位。例如，当价格上涨时，可以将止损点上移；当价格下跌时，可以将止损点下移。这种策略可以更好地保护利润，但也可能错过一些盈利机会。

（3）心理止损。心理止损是根据交易者的心理预期来设定止损点。例如，交易者可能认为价格会在某个价位附近波动，因此将该价位设为心理止损点。这种策略更多地依赖于交易者的主观判断和经验。

3. 止盈策略

（1）目标止盈。交易者设定一个具体的盈利目标，一旦达到这个目标，就进行止盈。但期货市场波动大，过低的盈利目标可能使利润回吐。

（2）比例止盈。按照账户资金的百分比来进行止盈。例如，当账户资金增长到 10% 时，就进行止盈，使交易者在保持一定盈利的同时，也控制了风险。

（3）技术止盈。根据市场走势和特定的技术指标来进行止盈。当价格跌破某个关键技术位或某个技术指标发生反转时就进行止盈。

（4）分批止盈。在达到部分盈利目标后，先锁定部分利润，并继续持有剩余的头寸以获取更多利润。这样可以降低因市场短期波动导致的利润回吐。

（5）均价止盈。在开仓的同时设定一个预期的均价，当实际均价偏离这个预期太多时，就进行止盈。

（6）反向止盈

当市场出现与预期相反的走势时，立即进行止盈。虽然风险相对较高，但如果市场走势与预期一致，则能获取较大的盈利。

二、实战应用技巧

1. 合理设置止损和止盈点位

在设置止损和止盈点位时，需要考虑多个因素，包括历史价格波动、市场趋势、技术分析等。同时，需要根据自己的风险承受能力和投资目标来合理设置点位。例如，如果交易者愿意承受更大的风险，可以将止损点设置得更加激进；如果交易者更注重稳健性，可以将止损点设置得更加保守。

2. 灵活运用止损和止盈策略

在实战中，需要根据市场情况灵活运用不同的止损和止盈策略。例如，当市场趋势明显时，可以采用固定止损和移动止盈的策略；当市场波动较大时，可以采用心理止损和心理止盈的策略。同时，需要根据市场变化及时调整自己的策略，以适应市场的变化。

3. 控制风险和保护利润

在期货交易中，控制风险和保护利润是非常重要的。通过合理地设置止损和止盈点位，可以在市场波动时及时平仓，避免进一步的损失。同时，通过灵活运用不同的策略，可以在市场趋势明显时及时锁定利润。在实战中，需要根据自己的风险承受能力和投资目标来合理控制风险和保护利润。

4. 保持良好心态和冷静分析能力

在期货交易中，保持良好的心态和冷静分析能力是非常重要的。当市场波动较大或出现不利情况时，需要保持冷静和理性分析能力，及时调整自己的策略和操作计划。同时，需要保持良好的心态和耐心，等待合适的时机进行操作。

第三节　仓位管理与资金管理

一、期货中的仓位管理

1. 什么是仓位管理

仓位管理是指投资者根据市场走势和自身风险承受能力，决定买入或卖出的期货合约数量，以及在市场波动时调整仓位的过程。仓位管理是期货交易中非常重要的一环，它直接影响到投资者的风险承受能力和盈利水平。

2. 仓位管理的重要性

（1）控制风险：仓位管理可以帮助投资者控制风险，避免因市场波动而造成过大损失。通过合理的仓位配置，投资者可以在市场下跌时降低损失，从而保护本金。

（2）提高盈利能力：通过合理的仓位管理，投资者可以在市场上涨时获得更大的收益。例如，当市场趋势明显时，投资者可以通过增加仓位来放大盈利。

（3）保持资金流动性：合理的仓位管理可以确保投资者在市场波动时保持资金流动性，避免因满仓而无法应对市场变化。

3. 仓位管理的方法

（1）固定比例法：投资者根据自身风险承受能力和资金规模，设定一个固定的买入或卖出比例。例如，投资者可以将资金分成 10 份，每次买入或卖出 1 份。这种方法简单易行，但可能无法充分利用资金。

（2）动态调整法：投资者根据市场走势和自身风险承受能力，动态调整仓位。例如，当市场趋势明显时，投资者可以增加仓位；当市场波动较大时，投资者可以降低仓位。这种方法需要投资者具备较高的市场判断能力和心理素质。

（3）金字塔加仓法：投资者在买入或卖出时，采用金字塔式的加仓方式。即先买入或卖出部分合约，当市场走势符合预期时，再逐步增加买入或卖出数量。这种方法可以降低风险，但需要投资者耐心等待市场机会。

二、期货中的资金管理

1. 什么是资金管理

资金管理是指投资者根据自身资金规模和风险承受能力，制定合理的投资策略和资金分配方案，以实现盈利和风险控制的过程。资金管理是期货交易中不可或缺的一环，它直接影响到投资者的收益和风险水平。

2. 资金管理的重要性

（1）控制风险：通过合理的资金管理，投资者可以控制风险，避免因市场波动而造成过大损失。例如，当市场趋势明显时，投资者可以通过增加资金投入来放大盈利；当市场波动较大时，投资者可以通过降低资金投入来降低风险。

（2）提高盈利能力：通过合理的资金管理，投资者可以在市场上涨时获得更大的收益。例如，当市场趋势明显时，投资者可以通过增加资金投入来放大盈利；当市场波动较大时，投资者可以通过降低资金投入来降低风险。同时，通过合理的资金分配方案，投资者可以确保在多个品种或合约上实现盈利互补。

（3）保持资金流动性：合理的资金管理可以确保投资者在市场波动时保持资金流动性，避免因资金不足而无法应对市场变化。

3. 资金管理的方法

（1）固定比例法：投资者根据自身资金规模和风险承受能力制定一个固定的投资比例。例如：投资者可以将100万元资金分成10份每份10万元作为一份投资计划进行操作；或者将全部资金100万元中的50%即50万元作为一份投资计划进行操作等。这种方法简单易行但过于机械和粗糙并且有可能错失机会而造成亏损；同时也不利于灵活调整投资策略以适应变化的市场行情。

（2）固定金额法：投资者将一定数量的资金分配到不同的投资品种或合约上。例如：将 10 万元资金分配到 5 个不同的合约或品种上，每个合约或品种上投入 2 万元；或者将 50 万元资金分配到 5 个不同的合约或品种上，每个合约或品种上投入 10 万元等。这种方法有利于分散风险但同样过于机械和粗糙并且不利于灵活调整投资策略以适应变化的市场行情；同时也不利于充分利用资金实现最大收益。

（3）变动比例法：投资者根据市场行情的变化灵活调整投资比例以适应变化的市场行情。例如：当市场行情上涨时增加投入比例而当市场行情下跌时减少投入比例等。这种方法灵活多变但需要较高的市场判断能力和心理素质，并且需要经常调整投资策略以保持其有效性；同时也有可能导致频繁地交易和增加交易成本从而影响整体收益水平。

第十二章

期货市场的监管

第一节　期货市场的监管机构与职责

一、期货市场的监管机构

在中国，期货市场的监管主要由中国证监会和期货交易所进行。

1. 中国证监会

中国证券监督管理委员会（简称证监会）是国务院直属机构，依照法律、法规和国务院授权，统一监督管理全国证券期货市场，维护证券期货市场秩序，保障其合法运行。

证监会的主要任务包括：

（1）研究和拟订证券期货市场的方针政策和发展规划；

（2）起草证券期货市场的有关法律、法规，提出制定和修改的建议；

（3）制定证券期货市场的有关规章，并监督其实施。这些规章制度包括期货交易所的设立和运作、期货交易的风险控制等。

（4）依法对证券期货市场违法违规行为进行调查、处罚；

（5）建立稳定的融资渠道，促进证券公司合规稳健运行，有效防范风险等。

（6）负责监管期货公司的合规经营，包括对期货公司的设立、变更、终止、业务活动、财务状况等进行监督。

2. 期货交易所

期货交易所是负责组织和管理期货交易的机构，是期货市场的核心。在中国，主要的期货交易所包括上海期货交易所、郑州商品交易所、大连商品交易所等。

期货交易所的主要职责包括：

（1）提供交易场所和设施；

（2）制定并实施期货交易的规则；

（3）组织并监督期货交易；

（4）对会员进行管理；

（5）对交易进行结算并担保履约；

（6）监管会员的合规经营，包括对会员的设立、变更、终止、业务活动、财务状况等进行监督。

（7）监督和管理市场风险等。

3. 其他监管机构

除了中国证监会和期货交易所之外，还有一些其他的监管机构也在期货市场中发挥作用。例如，国家工商行政管理部门负责期货公司的工商注册登记和变更登记；国家税务部门负责征收期货公司的各项税费；国家审计部门负责对期货公司的财务状况进行审计等。

二、期货市场的职责

1. 维护市场秩序：监管机构通过制定和执行相关法律法规，确保市场参与者遵守规则，维护市场秩序。

2. 保护投资者权益：监管机构通过监督市场行为，防止欺诈和市场操纵，保护投资者的合法权益。

3. 促进市场发展：监管机构通过制定市场发展战略和规划，引导市场健康发展，推动期货市场的创新和发展。

4. 防范金融风险：监管机构通过加强风险管理和内部控制，防范金融风险的发生和蔓延。

5. 提高市场透明度：监管机构通过公开信息和数据披露，提高市场的透明度，增强投资者的信心。

6. 推动国际合作：监管机构通过加强与国际组织和市场的合作与交流，推动中国期货市场的国际化进程。

第二节　期货市场的监管法规与监管制度

一、期货市场的法规

1.《期货交易管理条例》

《期货交易管理条例》是期货市场的核心法规，规定了期货市场的性质、组织结构、交易规则、风险管理等方面的内容。该条例明确规定了期货交易所、期货公司、投资者等市场参与者的权利和义务，为期货市场的健康运行提供了法律保障。

2.《期货交易所管理办法》

《期货交易所管理办法》是《期货交易管理条例》的配套法规，对期货交易所的组织结构、管理规则、交易规则、风险管理制度等方面进行了详细规定。该办法明确了期货交易所的职责和权利，规范了期货交易所的运作，保障了期货市场的公平、公正和透明。

3.《期货公司监督管理办法》

《期货公司监督管理办法》是《期货交易管理条例》的配套法规，对期货公司的组织结构、业务范围、风险管理、内部控制等方面进行了详细规定。该办法明确了期货公司的职责和权利，规范了期货公司的运作，保障了投资者的合法权益。

二、期货市场的监管制度

1. 保证金制度

保证金制度是期货市场的重要监管制度之一，用于控制市场风险。投资者在进行期货交易时，需要按照规定缴纳一定比例的保证金，以保障交易的履行。如果投资者的保证金不足，将会被强制平仓或追加保证金。保证金制度有助于控制市场风险，保障市场的稳定运行。

2. 涨跌停板制度

涨跌停板制度是限制期货合约每日价格波动幅度的制度。根据市场情况，交易所会设定不同的涨跌停板幅度，以控制市场风险。当市场价格波动超过规定的幅度时，交易将会受到限制，从而控制市场的过度波动。

3. 持仓限额制度

持仓限额制度是限制投资者持仓数量的制度。交易所会根据市场情况设定不同的持仓限额，以控制市场风险。当投资者持仓数量超过规定的限额时，将会被要求减仓或平仓，从而控制市场的持仓风险。

4. 信息披露制度

信息披露制度是要求市场参与者及时、准确、完整地披露信息的制度。交易所会要求市场参与者定期发布财务报告、交易数据等信息，以供投资者参考。同时，交易所也会对市场情况进行公开披露，为投资者提供全面的市场信息。

5. 异常交易监管制度

异常交易监管制度是针对异常交易行为的监管制度。当市场出现异常交易行为时，交易所将会采取相应的措施进行监管，如限制交易、调查处理等。异常交易监管制度有助于维护市场的公平、公正和稳定。

第三节　期货市场的监管措施与重要性

由于期货市场的复杂性和高风险性，监管机构采取了一系列措施，确保市场的公平、透明和稳定。

一、期货市场的监管措施

1. 法规和规则

期货市场的法规和规则是监管机构实施监管的基础。这些法规和规则通常包括市场准入、交易行为、风险管理、信息披露等方面的规定。监管机构通过定期检查和审计来确保市场参与者遵守这些规定，并对违反规定的行为进行处罚。

2. 交易监管

交易监管是期货市场监管的重要组成部分。监管机构通过监控交易活动、防止市场操纵和欺诈行为来保护市场公平性。这包括对交易行为的审查、对异常交易的调查以及对市场操纵行为的打击。此外，监管机构还要求市场参与者遵守交易规则，包括交易时间、交易方式、交易费用等方面的规定。

3. 风险管理

期货市场具有高风险性，因此风险管理是监管机构的重要职责之一。监管机构要求市场参与者建立完善的风险管理制度，包括资本充足率、保证金制度、结算制度等方面的规定。此外，监管机构还通过定期评估市场风险、制定风险管理措施来降低市场风险，确保市场的稳定运行。

4. 信息披露

信息披露是期货市场监管的重要手段之一。监管机构要求市场参与者及时、准确地向公众披露相关信息，包括交易信息、财务状况、经营情况等。这有助于提高市场的透明度，保护投资者的利益，并防止内幕交易和市场操纵行为的发生。

5. 国际合作与协调

随着经济全球化的加速发展，期货市场的国际合作与协调变得越来越重要。各国监管机构通过加强信息共享、协调监管行动、共同打击跨境欺诈行为等方式加强合作。国际组织如国际证监会组织（IOSCO）也发挥了重要作用，推动各国监管机构在期货市场监管方面的合作与协调。

6. 技术手段的运用

随着科技的发展，技术手段在期货市场监管中也发挥着越来越重要的作用。例如，大数据分析可以帮助监管机构更准确地监测市场动态、识别潜在风险；人工智能技术可以辅助监管机构进行自动化审核和监控；区块链技术可以提高信息披露的透明度和可信度。这些技术手段的应用有助于提高期货市场监管的效率和准确性。

二、期货市场监管的重要性

1. 维护市场公平、公正和透明

期货市场的监管机构通过对市场参与者的监督和管理，确保市场的公平、公正和透明。通过制定和执行相关法规和监管制度，防止市场操纵和欺诈行为的发生，保护投资者的合法权益。

2. 控制市场风险

期货市场具有高风险性，通过保证金制度、涨跌停板制度、持仓限额制度等监管制度的实施，可以有效地控制市场风险。当市场出现过度波动或持仓过重等情况时，监管机构可以采取相应的措施进行干预，以维护市场的稳定运行。

3. 促进市场健康发展

有效的监管制度可以促进期货市场的健康发展。通过对市场参与者的监督和管理，规范其行为，推动市场创新和发展。同时，监管机构还可以通过信息披露制度的实施，为投资者提供全面的市场信息，促进市场的透明度和公正性。

中篇
酱香基酒期货
◀

第十三章

酱香白酒

第一节　酱香白酒的历史与文化背景

一、酱香白酒的历史起源

酱香白酒的历史起源可以追溯到西汉时期，当时被称为"枸酱酒"。据《史记·西南夷列传》记载，公元前135年，唐蒙出使南越（今广州地区），在南越的宴会上首次品尝了枸酱酒，感觉非常美味。为了取悦汉武帝，唐蒙将枸酱酒献给了汉武帝。汉武帝喝完大赞"甘美之"，因此有"唐蒙饮枸酱而使西域"之说。

宋元时期，仁怀一带的酿酒业已经很发达，形成了酿酒之风遍及民间的局面。由"枸酱酒"衍生出了"风曲法酒"，其香型介于酱香和浓香之间，后来又由"风曲法酒"衍生出"回沙茅台"。

明清时期，茅台地区的酿酒技术已经基本形成。古茅台一带所产的酒，在西汉时期就作为贡品供皇帝饮用或地方官僚享用，但由于交通不便规模一直很小。乾隆年间开修赤水河航道后，茅台成为川盐运黔的集散地，到道光年间茅台地区商贾云集，对酒的需求与日俱增，从而刺激了酿造业的发展和酿酒技术的提高。

酱香白酒经过长时间的沉淀和发展，逐渐形成了以茅台镇为首的酿酒基地。

二、酱香白酒的地域特色

酱香白酒的地域特色主要表现在其酿造工艺和风味上。在中国，酱香型白酒主要产于茅台镇，以茅台酒为代表。茅台镇的气候、环境、原料和酿造工艺共同形成了其独特的风味。

茅台镇的气候冬暖、夏热、少雨、风速小，这种特殊的小气候非常有利于酿造酱香酒微生物的栖息和繁殖。茅台镇的酒厂上千家，基本上整个镇的空气全被微生物笼罩。像茅台镇这种地理环境，空气里面的微生物密集程度相当高，其他地方很难形成相同条件。

酱香酒的酿造过程在适应当地环境、气候、原料外，又有其独特巧妙的工艺内涵。赤水河的水和当地特有的红高粱，还有夏天制成的伏曲小麦曲合起来，经过二次投料、九次蒸馏、八次发酵、七次取酒，酱香酒的酿造要历经春、夏、秋、冬一年时间。另外，优质酱香酒更是需要长达三年以上贮存才能勾兑，通过贮藏可趋利避害，使酒体更醇香味美。

三、酱香白酒的文化内涵

酱香白酒的文化内涵非常丰富，主要体现在以下几个方面：

1. 酿造文化：酱香白酒的酿造过程非常繁杂和严格，每一道工序都有严格的规定和流程，这使得酱香白酒具有独特的韵味。酿造过程中的每一个细节都至关重要，它们共同构成了酱香白酒独特的风味和品质。

2. 地域文化：茅台镇是酱香白酒的主要产地，其特殊的地域环境对酱香白酒的品质产生了深远的影响。茅台镇拥有得天独厚的自然环境，四面环山、一水中流，被誉为酿造美酒的"风水宝地"。气候、土壤、水质以及空气中的微生物群等，都为茅台镇的酱香白酒提供了独一无二的酿造条件。

3. 品鉴文化：品鉴酱香白酒需要从颜色、酒香、口感等方面入手。优质酱香白酒的酒体应该是微黄或无色透明的，酒香中应带有浓郁的酱香味，同时还应有淡淡的焦香味。品鉴酱香白酒时，需要用心去感受其细腻、复杂的风味，体验其优雅持久的留香。

4. 养生文化：酱香白酒中含有丰富的有益物质，如脂类和酚类物质，这些物质对人体健康有很多益处。按照中医理论，酱香白酒能够起到调理身体、保健养生的作用。适量饮用酱香白酒，可以促进血液循环、增强免疫力、缓解疲劳等。

5. 储存文化：酱香白酒的储存也是一门学问。长时间的储存可以让酒体更加醇厚、香味更加丰富。同时，储存过程中需要注意避免酒体受到外界环境的影响，以免影响酒的品质。

四、酱香白酒的品牌价值

酱香白酒的品牌价值主要体现在以下几个方面：

1. 历史文化价值：酱香白酒有着悠久的历史和深厚的文化底蕴。其传统酿造工艺已经传承了几百年，代表着一种独特的酿酒文化和技艺。这种历史文化和技艺的传承，为酱香白酒赋予了极高的品牌价值。

2. 品质保证价值：优质的酱香白酒需要经过长时间的陈酿和精心酿造，从原材料的选取、酿造工艺的运用，到酒体的勾兑和调味等环节，都需要严格把控品质。这种对品质的追求和保证，使得酱香白酒在消费者心中建立了高度的信任感和忠诚度。

3. 口感体验价值：酱香白酒的独特口感是其品牌价值的重要组成部分。其香气浓郁、回味悠长，给人以独特的味觉享受。这种独特的口感体验，让消费者在品尝酱香白酒时能够获得与众不同的满足感和愉悦感。

4. 品牌形象价值：酱香白酒的品牌形象通常代表着高端、尊贵和奢华。其精美的包装和品牌形象的塑造，能够满足消费者的审美需求和心理需求。这种品牌形象的塑造，使得酱香白酒在市场上具有极高的知名度和美誉度。

5. 健康养生价值：优质的酱香白酒含有丰富的氨基酸、维生素和矿物质等营养成分，对人体有一定的保健作用。这种健康养生价值也是酱香白酒品牌价值的重要组成部分。

综上所述，酱香白酒的品牌价值主要体现在历史文化价值、品质保证价值、口感体验价值、品牌形象价值和健康养生价值等方面。这些价值不仅体现了酱香白酒的独特性和优越性，更在消费者心中建立了高度的信任感和忠诚度，为酱香白酒的市场竞争提供了强大的品牌支持。

第二节　酱香白酒的酿造

一、酱香白酒的定义

酱香白酒，也被称为茅香型白酒，以茅台酒为代表，是一种大曲酒类。这种酒的突出特点是其酱香，幽雅细致，酒体醇厚，回味悠长，清澈透明，色泽微黄。其原料主要为高粱、小麦和赤水河之水等，通过传统的固态发酵工艺进行发酵、蒸馏、储存和勾兑，完全具有酱香风格。

二、酱香白酒主要原料

酱香白酒的主要原料有：

1. 高粱：高粱是酱香白酒的主要原料，特别是茅台镇的酱香酒，以茅台镇当地的红缨子糯高粱为主。高粱中含有的丰富淀粉和蛋白质。

2. 小麦：小麦是酱香白酒的另一个重要原料，主要用于制曲。小麦的品质直接影响酱香白酒的风味。

3. 水：水是酱香白酒不可或缺的原料，赤水河的水因为其独特的矿物质含量和纯净度，被认为是酿造酱香白酒的最佳选择。

4. 大曲：大曲是酱香白酒的另一个关键原料，它由小麦、麸皮、水等制成，是酱香白酒独特风味的来源之一。

5. 麸皮：麸皮是小麦的麸壳，也是制曲的重要原料。它富含维生素和纤维素，对酒的口感和品质都有影响。

6. 玉米：玉米是另一种常见的酿酒原料，它可以使酒体更加醇厚，同时增加酒的甜度。

7. 稻壳：稻壳是用来填充酿酒设备，帮助控制发酵过程的温度，并吸收多余的水分。

三、酱香白酒工艺流程

茅台镇的酱香白酒的酿造工艺流程如下：

1. 端午制曲：小麦经过"踩曲"做成"曲块"，用谷草包起来，存放在曲房中。存放一月后，中间翻一次，使其发霉。存放三个月后，曲块则变得曲末焦黄，此时即可出房使用。

2. 重阳下沙：酿造酱香酒的原料为"沙"，要选择重阳节前后下沙，因为此时的温度、湿度适中，有利于酿酒。下沙时，要将"沙"中的红英子等杂质挑出来，只留下纯净的高粱。

3. 两次投料：下沙时要将高粱和石英石、石灰石、水按照比例混合在一起，搅拌均匀后放入酿酒设备中进行发酵。

4. 九次蒸煮：下沙后，高粱会被放入酿酒设备中进行蒸煮。这个过程需要重复九次，每次蒸煮的时间都不能超过 40 分钟。

5. 八次发酵：每次蒸煮后，高粱都会被放入窖池中进行发酵。这个过程需要重复八次，每次发酵的时间都不能超过 30 天。

6. 七次取酒：每次发酵后，高粱都会被放入酿酒设备中进行取酒。这个过程需要重复七次，每次取酒的时间都不能超过 20 分钟。

7. 储存和勾兑：取出的酒要在陶罐中储存一段时间，以便酒中的微生物进行自然发酵和老熟。勾兑则是将不同批次、不同酒度、不同年份的酒混合在一起，以达到酱香白酒的标准口感和风味。

8. 包装出厂：经过勾兑后的酱香白酒需要进行过滤、检验、包装等工序，然后才能出厂销售。

四、酱香白酒微生物种类与作用

酱香白酒的微生物种类主要包括细菌、霉菌和酵母菌等。这些微生物在酿造过程中发挥着各自独特的作用。

首先，细菌主要作为产香的动力来源。在酱香白酒的发酵过程中，细菌的作用非常重要，它们可以产生香味物质，从而影响白酒的风味。

其次，霉菌则作为糖化的动力来源。霉菌能够分泌糖化酶、蛋白酶和纤维素酶等酶类，这些酶可以分解原料中的淀粉、蛋白质和纤维素等物质，转化为可发酵性糖类、氨基酸和多糖类等物质，为发酵提供必要的营养基础。

再次，酵母菌在酱香白酒发酵中是发酵产酒精和产高级酯类的动力来源。酵母菌能够通过厌氧呼吸将糖类物质转化为酒精和二氧化碳，同时还能合成一些高级酯类物质，这些物质也是白酒风味的重要组成部分。

此外，放线菌的次生代谢产物在酱香型白酒酿造过程中也起到了重要的生物调控作用。它们可以通过分泌各种酶类，如淀粉酶、蛋白酶和脂肪酶等，来帮助分解原料中的复杂物质，为微生物的生长提供营养。同时，放线菌还参与了微生物间的相互作用，通过与其他微生物共生、竞争等方式，调控微生物的群落结构，从而影响酱香白酒的品质。

五、酱香白酒的环境与水质

首先，地理位置是决定水源的重要因素。例如，酱香型白酒的主产区集中在赤水河畔，特别是以贵州仁怀茅台镇为代表。这是因为茅台镇的酿酒环境非常独特，是其他任何地方都无法复制的。茅台镇的酿酒工艺历经几百年的磨砺，并顺应了茅台镇得天独厚的自然规律。

其次，赤水河以及星罗棋布的泉水含有丰富的微量元素，总硬度为 9.46°，PH 值为 7~7.8，这些都有益于酿酒。整个赤水河谷的紫色岩土都有上千万年的历史，酸碱适度，这为微生物的生长提供了优良的环境。此外，赤水河谷的气候也具有冬暖夏热少雨的独特小气候，这为酿造酱香白酒提供了理想的环境。

第三节　酱香白酒风味与口感

一、酱香白酒的风味来源

酱香白酒的风味来源主要有以下几个方面：

1. 酿造原料：酱香白酒的酿造原料主要是高粱，通过特定的发酵和蒸馏工艺，高粱中的糖类、氨基酸、酯类、酚类等物质转化为酒中的风味物质，赋予酒体独特的香味和口感。

2. 微生物：酱香白酒的酿造过程中，会接触到多种微生物，包括细菌、霉菌和酵母等。这些微生物会影响酒的发酵过程，产生不同的代谢产物，从而影响酒的风味。

3. 酿造工艺：酱香白酒的酿造工艺包括原料处理、堆积、发酵、蒸馏、陈酿等环节，每个环节都有严格的操作要求和技术参数，都会对酒的风味产生影响。

4. 勾兑调味：酱香白酒在生产过程中需要进行勾兑调味，即将不同年份、不同工艺、不同品质的酒进行混合调配，以达到酒厂要求的理化指标和感官指标。勾兑调味的技艺直接影响着酱香白酒的风味和品质。

5. 陈酿时间：酱香白酒需要经过长时间的陈酿，才能使酒中的风味物质充分反应和融合，使酒体更加醇厚、香味更加浓郁。陈酿时间的长短也会影响酱香白酒的风味和品质。

二、酱香白酒的口感特点

酱香白酒的口感特点主要有以下几个方面:

1. 香气丰富:酱香白酒的香气浓郁,主要来源于酿造过程中形成的复杂化学物质如酯类、醛类、酮类、酚类等。这种香气丰满、持久,给品尝者带来一种愉悦的感觉。

2. 口感醇厚:酱香白酒经过多次蒸馏,酒精度数较高,因此酒体较浓,口感醇厚细腻。同时,这种高酒精度也能够增强酒的口感层次感。

3. 回味悠长:酱香白酒中含有多种化学物质与酒精相互作用,形成了独特的回味。这种回味悠长,让人在品尝后仍能感受到酒的余味,增加了酒的美妙体验。

4. 味道丰富:酱香白酒的味道非常丰富,包括酸味、甜味、苦味、辣味、涩味、咸味和怪味等。这些味道相互交织,形成了一种独特的口感体验。适中的酸味和甜味能够增加酒的醇厚口感和舒适感,而苦味和涩味则为酒的口感增添了一些复杂度。

三、酱香白酒品尝与饮用

品尝与饮用酱香白酒,是一种体验美酒与文化的结合。以下是品尝与饮用的技巧和步骤:

1. 观察酒色:举起酒杯,置于与眼平行的位置,观察酱香白酒的颜色。优质的酱香白酒通常呈现出微黄或淡黄的颜色,这是由于长时间的储存和天然的酿造过程导致的。透过酒杯,可以观察到酒液的透明度,优质酱香白酒应清澈透明,没有杂质和沉淀物。

2. 观察酒花：轻轻旋转酒杯，让酒液在杯壁上留下一圈圈的酒痕，这就是所谓的"酒花"。酒花的大小、持久度以及分布情况可以作为判断酒质的一个标准。一般来说，酒花细腻、分布均匀且持久不散的酱香白酒质量较好。

3. 闻香：先轻轻将酒杯倾斜，靠近鼻子，深深地吸一口气，感受酱香白酒的香气。优质酱香白酒的香气应该是浓郁而协调的，带有独特的焦香味和花香味。细细品味，还可以感受到一丝丝甜味和酸味。

4. 品尝：小口品尝酱香白酒，让酒液在口中停留一段时间，充分感受其口感和味道。优质酱香白酒的口感应该是醇厚而柔和的，带有浓郁的香味和微妙的口感变化。

5. 回味：在品尝完酱香白酒后，慢慢地将酒液咽下，感受其余味。优质的酱香白酒应该有悠长的余味，让人在品尝后仍然能够感受到其独特的香气和味道。

第四节　酱香白酒的种类

一、茅台镇酱香白酒

茅台镇的酱香白酒是中国最具代表性的名酒之一，这种酒以其历史悠久、品质卓越而著称，是许多消费者的最爱。茅台镇的酱香白酒有着独特的酿造工艺和原材料，这使得其具有浓郁的香味和口感，备受赞誉。茅台镇的酱香白酒有清澈的酒体、浓郁且复杂的香味、饱满的口感和悠长的尾韵。

二、郎酒酱香白酒

郎酒酱香白酒，出产于四川省古蔺县二郎镇，这里是中国国家地理标志产品郎酒的产地。二郎镇地处赤水河畔，是酱香白酒酿造的优质地带，被誉为"美酒河"。赤水河孕育了中国两大酱香白酒品牌：茅台酒和青花郎酒。郎酒的酒液色清透明，酱香纯净，口感醇柔、甘冽，回味悠长，回香满口。

三、谭酒酱香白酒

谭酒，产自四川古蔺县，是赤水河流域的著名酱香白酒之一。其历史悠久，风味独特，深受消费者喜爱。谭酒的香气浓郁，有一种独特的焦香味，入口后口感醇厚，回味悠长。其酒体协调，味道浓郁，余味悠长，是典型的川派酱香白酒风格。

四、珍酒酱香白酒

珍酒是一款酱香型白酒，其酿造工艺和口感风格与茅台酒非常相似，被誉为"异地茅台"。珍酒的酒体具有浓郁的酱香味，口感细腻圆润、老熟醇厚、绵甜味长，空杯留香持久。

五、金沙回沙酱香白酒

金沙回沙酱香白酒，是来自贵州省金沙县的特产，具有微黄透明、酱香突出、优雅细腻、味醇丰满、回味悠长、空杯留香持久的独特风味。

六、北大仓酱香白酒

北大仓酱香白酒，又被称为"北国茅台"，酿造历史可以追溯到1914年的"聚源永烧锅"，酒液清澈透明，酱香突出，幽香纯正，入口醇正，柔和绵甜，余香不息。

七、武陵酱香白酒

武陵酱香白酒以其独特的工艺和优良的品质而著名。武陵酒的酿造历史可以追溯到 1952 年，当时在原常德市酒厂崔婆酒酿造的旧酒坊上建成了武陵酒公司。形成最具代表性的武陵酱香风格，它的焦香更突出、口感更柔和、体感更轻松。

八、双沟大曲酱香白酒

双沟大曲酱香白酒是中国江苏省宿迁市泗洪县双沟镇特产，是世界十大蒸馏酒之一。突出特点是如下：清澈透明，无明显悬浮物和沉淀物。香气浓郁，具有独特的酱香和陈香，香气持久。风味纯正，入口绵甜，回味悠长。

第五节　酱香白酒市场与消费趋势

一、市场规模与增速

从市场规模来看，资料显示，2023 年酱香型白酒占白酒行业的1/3，市场规模约 2300 亿元。

从增速来看，自 2015 年至 2021 年，酱香型白酒行业的市场规模按 17.3% 的复合年增长率增长。其中，茅台作为头部酱酒企业，其酱香系列酒在 2023 年跻身中国白酒"200 亿俱乐部"，显示了较高的增速。

二、市场细分与消费人群

1. 市场细分。酱香白酒可以根据多种因素进行市场细分，例如：价格、品牌、销售渠道、消费者口味等。

（1）价格细分。根据价格，酱香白酒可以分为高端、中端和低端市场。高端市场主要集中了茅台、郎酒等知名品牌的高端产品，价格较高，适合高端消费者和礼品赠送等场景；中端市场则是主流消费市场，价格适中，适合日常消费和商务宴请等场景；低端市场则是一些小品牌或无品牌的产品，价格较低，适合对价格敏感的消费者。

（2）品牌细分。根据品牌，酱香白酒可以分为茅台系、郎酒系、老酒鬼系等。其中，茅台系是市场上最知名的品牌之一，其产品线覆盖了高中低各个档次，深受消费者喜爱；郎酒系则以郎酒、红花郎等为代表，主打中高端市场；老酒鬼系则是一些老牌的酱香白酒品牌，以品质和口感为主要卖点。

（3）销售渠道细分。根据销售渠道，酱香白酒可以分为线上和线下市场。线上市场主要是一些电商平台和自媒体等销售渠道，线下市场则是传统的实体店销售。

（4）消费者口味细分。根据消费者口味，酱香白酒可以分为传统型和新型口味。传统型酱香白酒以纯粮食酿造，口感浓郁，适合资深饮者和口味比较重的消费者；新型口味则加入了一些果味、花香等元素，口感更加清新，适合年轻消费者和初次尝试酱香白酒的消费者。

2. 消费人群。酱香白酒的消费人群具有以下特点：

（1）中高收入群体。由于酱香白酒的价格较高，因此其消费人群主要以中高收入群体为主。这部分消费者通常具有一定的经济实力和品质追求，愿意为高品质的酱香白酒买单。

（2）商务人士和礼品赠送者。商务人士和礼品赠送者是酱香白酒的主要消费人群之一。在商务宴请和礼品赠送场景下，酱香白酒常常被视为高品质、高档次的礼品选择，能够彰显送礼者的品位和诚意。

（3）资深饮者和口味重的消费者。对于一些资深饮者和口味比较重的消费者来说，酱香白酒的浓郁口感和独特的酿造工艺是他们选择的主要原因。这部分消费者通常对白酒的品质和口感有较高的要求，愿意尝试不同类型的酱香白酒。

三、未来消费趋势分析

酱香白酒近年来在市场上的表现一直引人注目。随着消费升级和消费者对品质生活的追求，酱香白酒的消费趋势也在发生着变化。以下是对酱香白酒未来消费趋势的几点分析。

1. 消费群体年轻化。随着年轻一代消费者的崛起，他们对白酒的消费观念正在发生变化。与传统的白酒消费者相比，年轻人更注重品质、口感和品牌。酱香白酒以其独特的口感和酿造工艺，吸引了越来越多的年轻消费者。同时，随着年轻消费者对健康生活的关注，低度、低酒精的酱香白酒也成为他们的选择。

2. 品质与品牌并重。在消费升级的背景下，消费者对白酒的品质和品牌的要求越来越高。酱香白酒作为一种高品质的白酒，其品质和品牌的影响力正在逐渐提升。消费者在选择酱香白酒时，不仅关注产品的品质，还关注品牌的价值和文化内涵。因此，品质与品牌并重将成为酱香白酒未来的发展趋势。

3. 多元化和个性化需求。随着消费者需求的多样化，酱香白酒的产品也需要更加多元化和个性化。除了传统的 53 度酱香白酒外，消费者对不同度数、不同风味、不同包装的酱香白酒也有着不同的需求。此外，随着定制酒市场的兴起，消费者对个性化定制的酱香白酒也产生了浓厚的兴趣。因此，多元化和个性化将成为酱香白酒未来发展的重要方向。

4. 线上线下融合的销售模式。随着互联网技术的发展，线上销售已经成为了一种重要的销售模式。但线下销售仍然具有不可替代的优势。因此，线上线下融合的销售模式将成为酱香白酒未来的主流销售模式。

5. 健康消费趋势。随着健康意识的提高，消费者对健康的关注度越来越高。酱香白酒作为一种健康的酒类饮品，其保健功能和营养价值受到了广泛认可。未来，随着健康消费趋势的进一步加强，酱香白酒的市场份额有望继续扩大。

第十四章

酱香基酒

第一节　酱香基酒的定义

一、基酒的概念

基酒可以理解为基础酒，也被称为"半成品酒或原浆酒"。在中国的白酒行业中，基酒是指没有经过任何勾兑的原浆酒。这种酒是直接从发酵蒸馏出来，没有经过任何勾调工艺的原酒。刚出来的原浆酒需要经过一年或三年以上的储藏，挥发掉酒体中的有害物质。

在白酒的酿造过程中，基酒是重要的原料。真正好的白酒，都是经过调酒师的精心调制，将不同的年份、批次的酒按一定的比例调制，并不断的品尝、调整，最后达成自己需要的风格。好的酒如茅台酒、五粮液都是需要进行勾调的。

贮存时间越长，酒体越醇也越绵柔。基酒的贮存方法包括山洞里贮存、地缸里贮存、大容器贮存等。在贮存过程中，基酒的品质和口感会逐渐变化，通过缓慢氧化、还原、酯化、缔合等过程，使酒体变得更加协调。同时，基酒的分级入库、贮存以及同等级的合并，也是提高白酒质量的重要措施。

二、酱香型基酒

酱香型基酒是酿造酱香型白酒的重要原料，其生产过程和特点都非常独特。酱香型基酒采用优质红高粱作为原料，经过大曲发酵，经过多次蒸煮、发酵和取酒，每个轮次的基酒都有其独特的风味和特点。其中，第三、四、五轮次的基酒质量最好，具有浓郁的酱香味和较长的回味，是勾兑正宗酱香型白酒的主要原料。

在酿造过程中，酱香型基酒要经过高温蒸馏，一般取酒温度在40℃以上，以挥发掉酒体中有害的易挥发物质，使基酒更加健康。每个轮次的基酒都需要分开存放，以便后期进行勾兑和调配。

总的来说，酱香型基酒是酿造正宗酱香型白酒的重要原料，其生产过程和特点都非常独特，是白酒中的珍品。

三、酱香型基酒的用途

酱香型基酒主要用于正宗酱香型白酒的勾兑，这是酿造酱香型白酒的重要环节。基酒作为酱香型白酒的骨架，将不同年份、不同风格、不同香型的基酒按照一定的比例进行勾兑，使酒体丰满醇厚、酱香突出、幽雅细腻。

第二节 酱香基酒的工艺

一、原料的选择与处理

酱香基酒的原料选择与处理是一个重要的过程，它决定了基酒的质量和风味。

1. 原料选择：选择高质量的原料是制作优质酱香基酒的关键。高粱是酱香基酒的主要原料，高粱含有丰富的淀粉和蛋白质，适合发酵和糖化过程。小麦也是重要的原料之一，小麦中的蛋白质和氨基酸对酒的风味和口感有重要影响。此外，水也是重要的原料之一，水的硬度、矿物质含量和 pH 值都会影响基酒的风味和口感。

2. 原料处理：好的原料需要进行适当的处理。对于高粱和小麦，需要破碎、混合、蒸煮、糖化、发酵等工序。破碎的目的是使高粱和小麦的淀粉颗粒暴露出来，以便于糖化和发酵。混合是将高粱和小麦按一定比例混合，以获得最佳的风味和口感。蒸煮是将混合好的原料加热至糊状，以便于糖化和发酵。糖化是将糊状的原料中的淀粉转化为葡萄糖的过程，这是发酵的重要前提。发酵是将葡萄糖转化为酒精的过程，这个过程中会产生各种风味物质。

3. 发酵过程：在原料处理完毕后，将糖化液和发酵剂加入发酵池中进行发酵。发酵温度和时间对基酒的质量和风味有重要影响。发酵温度过高或过低都会影响基酒的风味和质量。发酵时间也会影响基酒的风味和口感，较长的发酵时间可以使基酒更加醇厚。

4. 糖化发酵剂制备：将发酵后的物料进行蒸馏，使酒精和部分香味物质得到浓缩和提纯；将蒸馏后的酒液储存于陶坛中，经过一定时间的陈酿，使酒液的老熟和香味更加浓郁。

二、淀粉质原料与蒸煮

酱香基酒的淀粉质原料通常主要是高粱。在生产过程中，首先将选好的高粱进行清洗，然后进行磨碎或研磨，制成细粉或糊状物。这一系列操作是糖化和发酵的准备阶段。

接着，淀粉质原料经过吸水后在高温高压下进行蒸煮，使植物组织和细胞彻底破裂。在这个过程中，淀粉颗粒由于吸水膨胀而破坏，变成溶液状态的糊液，即淀粉的糊化。只有溶液化的淀粉才能被淀粉酶作用生成糖，因此糊化是糖化的准备阶段。

三、发酵与淋烧

酱香基酒的发酵采用大曲发酵的方式。发酵过程需要经过二次投料、九次蒸煮、八次发酵和七次取酒。每个环节都有严格的时间、温度和操作要求。

在发酵过程中，有一个环节叫做高温堆积发酵，这是其他白酒工艺所不具有的。高温堆积发酵能够促进微生物的繁殖和代谢，产生丰富的香味成分和口感，是酱香基酒独特风味重要来源之一。

接下来是淋烧环节。淋烧是指将发酵好的酒醅进行加热，使酒醅中的酒精和水经过蒸馏分离的过程。在酱香基酒的生产中，淋烧环节同样重要。通过控制加热的温度和时间，可以影响酒的风味和口感。同时，还需要注意火候的控制，避免出现焦糊味和其他不良风味。

四、加热及沉淀

酱香基酒的加热及沉淀是酿造酱香酒的重要工艺环节。

基酒中高级醇类和高级脂肪酸酯类含量过多会引起沉淀。由于高级醇类和高级脂肪酸酯类溶于酒精而不溶于水，当对酒遇冷空气时，酒中的棕榈酸乙酯、油酸乙酯、亚油酸乙酯及某些高级酸、高级醇类因溶解度变化而析出，造成成团的絮状物沉淀或白色浑浊。特别是装瓶后的白酒，当外界气温变化过大，这种现象就更容易发生。

五、过滤与灌装

酱香基酒的过滤与灌装是一个重要的制酒过程：

1. 过滤：酱香基酒的过滤是去除酒中杂质和悬浮物的过程，从而使酒更加清澈透明。这个过程通常使用各种过滤介质，如活性炭、硅藻土、石英砂等，以去除酒中的沉淀物、色素、细菌和其他杂质。过滤后的基酒变得更加纯净，口感更加柔和。

2. 灌装：灌装是将过滤后的酱香基酒装入酒瓶或酒罐的过程。这个过程需要确保酒的品质和安全。在灌装前，需要对酒瓶或酒罐进行清洁和消毒，以确保它们是无菌的。同时，还需要对灌装的过程进行严格的质量控制，确保每瓶酒的容量和品质都是一致的。在灌装后，还需要对基酒进行密封和贴标，以确保酒的品质和安全。

第三节　酱香基酒质量标准

一、酿造原料标准

酱香基酒的酿造原料标准主要包括以下几种：

1. 高粱：高粱是酱香型白酒的主要原料，选择优质的高粱品种非常重要。一般来说，高粱的品质取决于其产地、生长环境以及种植技术等因素。选用的高粱应具有酱香型白酒所需的特殊风味和香气。

2. 小麦：小麦是酱香型白酒中的辅料之一，它能增加酱香型白酒的香气和口感。一般来说，选用优质的小麦能够提高酱香型白酒的品质。

3. 水：水是酱香型白酒的重要配料，其质量对酱香型白酒的品质起着决定性的作用。选用清澈纯净的水源，并且需要进行细致的处理，以确保水质符合标准。

4. 曲：曲是酱香型白酒中的发酵剂，它能够促进高粱中的淀粉转化为酒精和香气物质。曲的选用非常关键，需要选用经过精心培养的优质曲种，以保证酱香型白酒的风味和香气。

5. 大曲：大曲是一种传统的酿造曲种，其特殊的酵母菌含量能够产生酱香型白酒所需的特殊风味和香气。

6. 小曲：小曲是一种发酵效率高、产酒量大的曲种，能够提高酱香型白酒的酒精含量和风味。

7. 糯米：糯米是酱香型白酒的辅料之一，它能增加酱香型白酒的甜味和光泽。

8. 小麦糠：小麦糠是酱香型白酒中的辅料之一，它能增加酱香型白酒的香气和口感。

9. 多种谷物：多种谷物是酱香型白酒的辅料之一，不同的谷物能够增加酱香型白酒的复杂风味和香气。

此外，酿造酱香基酒的过程也非常重要。以茅台镇生产的酱香基酒为例，其生产工艺季节性很强，严格按照节气，端午踩曲、重阳投料。其生产周期长达一年，共分清蒸下沙、混蒸糙沙二次投料，一至七个烤酒轮次，可概括为二次投料、九次蒸煮、八次发酵、七次取酒，历经春、夏、秋、冬一年时间。

二、酿造工艺标准

酱香基酒酿造的工艺标准主要包括以下几个方面：

1. 投料：下沙时，每甑（瓦器）投高粱 350 千克，下沙的投料量占总投料量的 50%。

2. 泼水堆积：下沙时先将粉碎后高粱的泼上原料量 51% ~ 52% 的 90℃以上的热水，泼水时边泼边拌，使原料吸水均匀。

3. 蒸粮（蒸生沙）：先在甑篦上撒上一层稻壳，上甑采用见汽撒料，在 1 小时内完成上甑任务，圆汽后蒸料 2 ~ 3 小时，约有 70% 的原料蒸熟，即可出甑，不应过熟。

4. 摊凉、泼水：生沙经摊凉、散冷，并适量补充因蒸发而散失的水分。当品温降低到 32℃左右时，加入酒度为 30%（V／V）的尾酒 7.5 千克，拌匀。

5. 堆集：当生沙料的品温降到 32℃左右时，加入大曲粉，加曲量控制在投料量的 10% 左右。

6. 入窖发酵：堆集后的生沙酒醅经拌匀，并在翻拌时加入次品酒 2.6% 左右。然后入窖，待发酵窖加满后，用木板轻轻压平醅面，并撒上一薄层稻壳，最后用泥封窖 4 厘米左右，发酵。

7. 蒸馏取酒：发酵一个月左右，即可开窖蒸酒。

三、理化指标

酱香基酒的理化指标是用来衡量其品质和风味的重要参数。这些指标包括总酸、总酯、己酸乙酯和固形物等。

低度酒，其理化指标的范围如下：总酸≥ 0.8 克／升，总酯≥ 1 克／升，己酸乙酯≤ 0.40 克／升，固形物≤ 0.7 克／升。

高度酒，其理化指标的范围则是：总酸在≥ 1.2 克／升，总酯≥ 1.8 克／升，己酸乙酯≤ 0.4 克／升，固形物≤ 0.70 克／升。

酱香型白酒的国家标准中，对于优级酒和一级酒的理化指标也有明确要求。以 53° 酱香型白酒为例：一级酒的总酸应 ≥ 1.40 克 / 升，总酯应 ≥ 2.00 克 / 升，己酸乙酯 ≤ 0.40 克 / 升，固形物 ≤ 0.70 克 / 升；优级酒的总酸也应 ≥ 1.40 克 / 升，但总酯应 ≥ 2.20 克 / 升，己酸乙酯 ≤ 0.30 克 / 升，固形物 ≤ 0.70 克 / 升。

这些理化指标反映了酱香基酒的质量和风味特点。不同指标间的平衡决定了酒的口感和品质，是酿酒师们在生产过程中需要严格控制的参数。

四、酒体质量标准

酱香基酒的酒体质量标准主要包括以下几个方面：

1. 外观：酱香基酒的酒体应该清澈透明，无明显悬浮物和沉淀物。

2. 香气：酱香基酒的香气应该浓郁、持久，具有典型的酱香型白酒的香气特征，包括焦香、曲香、花香等。

3. 口感：酱香基酒的口感应该醇厚、柔和，不会过于刺激，同时也不会有明显的苦涩味。

4. 酒精度：酱香基酒的酒精度应该在 53%vol 左右，这是最适合酱香型白酒的酒精度范围。

五、卫生与安全标准

酱香基酒的卫生与安全标准涉及多个方面。

首先，酱香基酒的生产原料必须是优质的，一般采用茅台镇的优质红高粱。生产过程中，必须严格遵守食品安全和卫生标准，确保酒的品质和安全性。

其次，酱香基酒的生产过程必须符合相关规定，包括发酵、蒸馏、储存等环节。这些环节中，必须保证酒不受到有害物质的污染，例如微生物、重金属等。

此外，酱香基酒的度数也有一定的标准。一般来说，酱香基酒的度数应该在 50 度以上，这样才能保证酒的品质和口感。同时，酒的度数也不能太高，否则可能会对人体造成伤害。

最后，酱香基酒的储存和运输也必须符合相关规定。酒必须储存在干燥、通风良好的地方，避免阳光直射和高温。在运输过程中，也必须保证酒不受到震动和碰撞，以免影响酒的品质和口感。

第四节　酱香基酒的存储

一、储存容器

酱香基酒的储存容器通常首选陶坛，这是因为陶坛具有许多优秀的特性。首先，陶坛的烧制温度较低，这使得坛壁具有许多毛细孔，这些毛细孔在储存酒的过程中起着重要的作用。

由于酱香型白酒中的微生物需要氧气进行呼吸，陶坛的毛细孔可以使氧气透过去，与酒产生"微氧循环"，使坛内酒液产生呼吸，从而加速酒的酯化、氧化速度。这种微氧循环促进了酱酒的老熟和醇香柔美的口感，使酒质得到提高。

此外，陶容器中的一些元素，如硅、锰、钙、镁等，对酒中的有机物起到催化作用。这些元素能够加速白酒的老熟进程，进一步促进酒质的提升。

所以，对于传统工艺酿造的优质酱香基酒，使用陶坛进行储存是最好的选择。如果密封得当，随着储存时间的增加，酒在储存过程中的陈化会越来越明显，味道也会越来越香。

二、温度与湿度

酱香基酒的储存对于保持酒的品质和口感至关重要。关于温度，酱香基酒的储存温度应保持在一个适宜的范围，一般在 10℃至 25℃。温度的突然升高或降低可能会影响酒的品质，长时间将酒暴露在极端的温度条件下可能会导致酒变质。

至于湿度，储存环境的湿度应保持在相对恒定的状态，以防止酒瓶干裂或霉菌生长。理想的湿度水平一般在 60% 至 70%。湿度过高可能会导致瓶盖霉烂，而湿度过低则可能使瓶身破裂或使酒体变得更加干燥。

但是，具体的最佳温度和湿度范围，可能会根据不同的酒型和酿造方法有所不同。

三、光线与位置

在储存酱香基酒时，光线和位置是两个重要的考虑因素。

首先，光线对酒的品质有很大的影响。特别是直接阳光，其中的紫外线会破坏酒中的化学成分，导致酒变质。因此，酱香基酒应该存放在阴凉、避光的地方。

其次，储存位置也很关键。为了保持酒的品质和口感，酱香基酒应该水平放置。这样可以确保酒液与瓶塞接触，防止瓶塞受潮或产生霉菌，进一步保护酒的质量。同时，储存时应避免震动或振动，因为这会影响酒的品质和口感。

四、时间与沉淀

首先，酱香型白酒的酿造工艺非常独特，需要经过多次蒸煮、发酵和取酒。这个过程完成后，会得到一种叫做"酱香基酒"的酒，它具有很高的收藏价值。这种基酒需要经过长时间的储存才能达到最佳的品质。

在储存过程中，酱香基酒会发生一系列的化学反应。其中最重要的是酯化反应，这是由酒中的醇类和酸类物质结合生成酯类的过程。这种反应在有催化酶参与的情况下几分钟就可以完成，但在自然条件下，需要一年以上的时间才能完成。在储存过程中，醇类、酸类和酯类之间逐渐达到平衡，使酒的香气变得协调丰满。

酱香基酒的储存时间与沉淀也受到其他因素的影响。

五、酒窖管理

酱香基酒的酒窖管理至关重要。以下是一些关键的酒窖管理措施：

1. 选择合适的酒窖位置：酒窖应选择阴凉、干燥、通风良好的地方，避免阳光直射和高温。同时，酒窖周围的环境应当安静，避免震动。

2. 控制酒窖温度：酒窖的温度应保持相对稳定，通常在10℃ – 15℃左右。过高的温度会加速酒的成熟过程，而过低的温度则可能会影响酒的口感和香味。

3. 保持酒窖的湿度：酒窖的湿度应控制在60% ~ 70%左右，湿度过低可能会使酒器干裂，湿度过高则可能导致酒标发霉。

4. 防止酒窖的震动：震动可能会影响酒的沉淀和发酵过程，因此酒窖应尽量避免震动。要避免将酒窖建在交通要道或震动频繁的地方。

5. 定期检查酒的状态：定期检查酒的外观、气味和口感，以确保酒的质量。如果发现酒有异常，应及时处理。

6. 分类储存：根据酒的品牌、年份、等级等因素，将酒进行分类储存。这样可以方便管理，也便于观察同一品牌或年份的酒的品质变化。

7. 建立酒窖记录：建立详细的酒窖记录，包括酒的名称、品牌、年份、数量、位置等信息。这有助于追踪问题，也有利于酒的管理和销售。

第十五章

酱香基酒市场分析

第一节　酱香基酒市场现状

一、需求不断增长

由于酱香型白酒市场需求旺盛，酱香基酒市场呈现出不断增长的趋势。随着人们生活水平的提高和消费观念的转变，消费者对于高品质的酒类产品的需求越来越高，而酱香基酒作为一种高品质的酒类的基础酒，其市场需求也在逐渐增加。

二、竞争激烈

从市场竞争格局来看，酱香基酒市场的竞争比较激烈。虽然由于酱香基酒的生产工艺比较复杂，技术门槛较高，因此市场上的产品种类相对较少。但越来越多的企业开始进入这个市场，导致市场竞争越来越激烈。

三、消费者要求高

从市场发展趋势来看，酱香基酒市场未来将继续保持增长态势。随着消费者对于高品质酒类的追求越来越高，酱香基酒作为一种高品质、健康酒类的基础酒，其市场前景将更加广阔。

四、存在的问题

从市场存在的问题来看，酱香基酒市场还存在一些问题。例如，市场上的产品同质化严重，缺乏创新和差异化；由于生产成本较高，部分企业偷工减料现象严重。因此，企业需要加强技术创新和品牌建设，提高产品质量和附加值，以提升竞争力。

第二节　酱香基酒产业链

一、上游产业链

酱香基酒市场的上游行业主要是粮食种植业。酱香酱香基酒的主要原料是高粱，因此高粱的种植是酱香基酒生产的重要环节。此外，大麦、豌豆、稻皮、碎米、小麦等也是生产酱香基酒所需的原料。为了保证原料的品质和供应稳定，应与农户建立合作关系，使原材料的生产标准化和规模化发展。

二、下游产业链

酱香基酒市场的下游产业链应用主要是白酒行业。酱香基酒是酱香白酒的主要原料之一，通过与不同比例的调味酒混合，可以调制出不同风味和品质的白酒。

三、产业链的安全保证

酱香基酒市场的安全保证主要涉及原材料供应、生产过程、产品质量和物流配送等方面的安全保障。

1. 原材料供应。这是确保酱香基酒生产安全的第一步。酒厂需要从可靠的供应商采购高质量的原材料，如优质的高粱和小麦等。这些原材料的质量将直接影响基酒的品质和安全性。因此，严格筛选和监管供应商，以及定期的质量检测是必要的措施。

2. 生产过程中的安全保证。这是至关重要的。酒厂需要遵循严格的生产标准，确保生产过程的卫生和安全。这包括对生产环境的清洁卫生、设备的定期维护和消毒、员工的健康和卫生习惯的监管等。此外，还需要对生产过程进行全面的质量检查和控制，确保每个环节的质量和安全性。

3. 产品的质量检测。这是确保酱香基酒安全的重要环节。酒厂需要对其生产的基酒进行严格的质量检测，包括理化指标、微生物指标等方面的检测。只有符合质量要求的基酒才能进入市场销售。要对其所采购的原材料和辅料进行质量检测。这是确保原材料质量安全的重要手段。

4. 物流配送的安全保障。这也是不可忽视的。酒厂需要选择可靠的物流公司，确保基酒在运输和储存过程中的安全。这包括对运输工具的清洁卫生、温度和湿度的控制等方面的监管。此外，酒厂还需要对基酒的储存和销售进行全面的监管，确保产品在市场上的安全流通。

第三节　酱香基酒期货的意义

一、酱香基酒期货的可能性

1. 酱香基酒的商品属性。酱香基酒的生产主要靠小麦和高粱，因此酱香基酒和粮食紧密相连，符合农产品期货品种的特征。

2. 酱香基酒期货有适合的交易所。郑州商品交易所是我国第一家期货交易所，交易品种主要有：小麦、绿豆、棉花、芝麻、花生仁、白糖、菜籽油等。

大连商品交易所主要交易品种有：玉米、大豆、豆粕、豆油、棕榈油、聚丙烯、聚氯乙烯、塑料、焦炭、焦煤、铁矿石、胶合板、纤维板、鸡蛋等。

3. 有价格波动。酱香基酒价格随着高粱和小麦的市场波动，其价格也会随之波动，意图回避价格风险的交易者可以利用远期合约先把价格确定下来。

4. 酱香基酒易于分级和标准化。以坤沙工艺流程生产的酱香基酒质量稳定，根据酱香基酒储存年份，可对基酒质量进行等级区分，酱香基酒作为期货品种，有稳定的质量标准。

5. 可实物交割。酱香基酒易于储存和运输。酱香基酒可长期进行储存，且不会变质，便于运输。因此，酱香基酒作为期货品种能确保实物交割的进行。

二、建立酱香基酒溯源体系

1. 全方位管理。溯源管理体系，是针对产品安全来进行全方位的管理，产品从原辅料采购、产品生产、仓储、销售和服务的周期管理，能根据酱香基酒标签，找到产品生产的批次、数量、质量以及物料的来源。

2. 精准定位。企业通过溯源管理系统可以准确地定位到酱香基酒当前位置，实现对问题产品的及时召回，避免问题产品流入市场，对企业本身造成损失，降低问题产品给企业带来的负面影响。

3. 及时了解销售情况。对于酱香基酒在不同区域内不同的销售情况、价格制定、经销商管理、促销管理等方面，都能够发挥着管控作用。

三、酱香基酒期货的必要性

1. 期货合约的约束作用。期货合约是标准化的合约，酱香基酒期货的持有者，可借交收现货或进行对冲交易来履行或解除合约义务。可以将酱香基酒的原材料来源、生产工艺、基酒储存时间、基酒质量标准、基酒数量、交易时间、交割地点、交割方式、违约及违约处罚等条款进行详细的约定，从而实现对酱香基酒品质的整体提高及质量保证。

2. 稳定农户的收入。酱香基酒的原材料为仁怀市当地的糯高粱和黔北冬小麦，根据酱香基酒的订单可以预先判断对原材料的采购数量，当地政府可以大力开展"农业 + 农民用户""期货 + 公司订单"的模式，以酱香基酒的生产企业为中心，利用订单的方式对较小的农户进行整合，保证农户的稳定收入。

3. 提升区域资本市场的发展。酱香基酒期货市场的建立，势必会将更多资金吸收进仁怀市酱香基酒的核心生产区，让更多酱香基酒的生产企业得到发展，从而促进当地酱香基酒的整体发展。

4. 提升酱香基酒的定价权。酱香基酒期货市场建立，酱香基酒期货价格的设定，应以酱香基酒核心产区仁怀市地区的基准价格为基础，由仁怀市的酱香基酒的生产企业参与期货价格的制定，从而会增加仁怀市在酱香基酒营销产业的定价权。

5. 规避市场风险。酱香基酒的生产企业需要筹集大量资金收购原材料，同时基酒需要储存，会占用大量资金，面临巨大的市场风险。期货市场具有保值功能，期货价格含有预期性和超前性特点，生产者能够通过增加或降低市场供给量，使市场供求基本平衡，抑制市场价格在年度、季节间猛烈波动。企业事先锁定生产和利润，回避价格波动风险。

6. 促进当地资本市场的发展。酱香基酒建立期货市场，会促进资本市场的发展，当地以酱香基酒期货为契机，可以在酱香基酒的核心产区仁怀市成立期货经纪公司、期货营业部，吸引全国各地资金流入仁怀市，参与期货交易。

第十六章

酱香基酒期货交易

第一节　酱香基酒期货

一、什么是酱香基酒期货

1. 酱香基酒期货。酱香基酒期货，是为在未来交货而买卖的酱酒。期货指的是投资者在现在购买未来的商品，也就是说期货属于一种跨时间的交易，期指的就是时间的意思。

酱香基酒期货，是一种以酱香基酒为标的物的期货合约。酱香基酒是勾兑酱香白酒的基础酒。酱香基酒期货采用标准化合约的形式，在期货交易所上市交易，为酱香基酒生产者、贸易商、消费者等提供了规避价格波动风险的工具。

2. 酱香基酒期货的市场作用。

（1）价格发现。酱香基酒期货市场通过公开竞价的方式，形成具有参考价值的期货价格，能够预测未来酱香基酒市场的价格走势，对于酱香基酒生产者和消费者来说具有价格指导作用。

（2）规避风险。酱香基酒生产者和消费者可以通过买入或卖出酱香基酒期货合约的方式，锁定未来的成本或收益，从而规避价格波动带来的风险。

（3）优化资源配置。酱香基酒期货市场的价格信号能够引导酱香基酒资源在不同领域之间的合理配置，提高整个社会的经济效率。

（4）促进企业风险管理。酱香基酒企业可以通过参与酱香基酒期货市场，进行套期保值等操作，实现对原材料、库存等实物资产的风险管理，从而降低经营风险。

二、酱香基酒期货的商品期货属性

酱香基酒期货属于商品期货，有着商品期货的属性：

1. 是商品实物。商品期货交易的品种是实实在在的商品，如大豆、原油、小麦等。商品期货一般只要符合合约规定，即可进行实物交割。而在金融期货交易中，交易的对象是金融期货合约本身，而非任何具体的金融资产。酱香基酒期货符合这种特点。

2. 有标准单位。商品期货交易的数量必须符合交易所规定的标准交易单位。在具体交易时，期货合约的交易单位是以交易所规定的标准交易单位为计价基础。商品期货交易通常以实物交割的方式进行，因此交易的商品数量需要符合交割条件。酱香基酒期货符合这种条件。

3. 价格波动大。商品期货的价格波动性较大，受到供求关系、政策因素、自然灾害等多种因素的影响。这种波动性为投资者提供了获取收益的机会，但同时也带来了较大的风险。酱香基酒期货受上游高粱和小麦价格的影响，因此，适合投资者进行交易。

4. 受供求关系影响。商品期货的价格受到供求关系的影响。当市场供应不足时，价格通常会上涨；当市场供应过剩时，价格通常会下跌。酱香基酒期货受上游高粱和小麦的供求关系影响。

5. 长期价值投资。商品期货是一种长期价值投资工具。由于期货价格受到供求关系、生产成本等多种因素的影响，因此其价值往往与现货市场价格存在差异。酱香基酒期货投资者，可以通过对酱香基酒期货的长期持有或套期保值等策略，实现资产的长期增值和风险控制。

第二节　酱香基酒期货标准合约

一、标准合约

酱香基酒期货标准合约是一种以酱香基酒为标的物的标准化期货合约，具有一些特定的规定和要求。下表是酱香基酒期货标准合约的主要内容：

交易品种	酱香基酒
交易单位	1吨/手
报价单位	元（人民币）/吨
最小变动价位	10元/吨
每日价格波动限制	上一交易日结算价的3%
最低交易保证金	合约价值的5%

合约交割月份	1~12 月
交易时间	每周一至周五上午 9:00~11:30，下午 13:30~15:00，以及交易所规定的其他时间
最后交易日	合约月份第十个交易日
最后交割日	最后交易日后第三个交易日
交割等级	见商品交易所酱香基酒交割质量标准
交割地点	商品交易所酱香基酒指定交割仓库
交割方式	实物交割
交割数量	每个合约的交割数量为 1 吨
交易代码	BW
交易方式	电子交易，通过交易所认可的期货公司进行交易开户
上市交易所	某某商品交易所

二、交割质量标准

1. 范围

标准会规定用于某某商品交易所交割的酱香基酒质量指标、分级标准及检验方法。标准会适用于某某商品交易所酱香基酒期货合约交割标准品和替代品。

2. 引用标准

基酒储存品质判定规则：依据中华人民共和国酱香型白酒国家标准。

说明：上述文件中的条款通过本标准的引用而成为本标准的条

款。凡是注日期的引用文件，其随后所有的修改单（不包括勘误的内容）或修订版不适用于本标准。凡是不注日期的引用文件，其最新版本适用于本标准。

3. 检验依据

GB/T 26760-2011《酱香型白酒》；GB 2757-2012《食品安全国家标准 蒸馏酒及其配制酒》；GB 5009.225-2016《食品安全国家标准 酒中乙醇浓度的测定》；GB/T 10345-2022《白酒分析方法》；GB 12456-2021《食品安全国家标准 食品中总酸的测定》；GB 5009.12-2017《食品安全国家标准 食品中铅的测定》；GB 5009.266-2016《食品安全国家标准 食品中甲醇的测定》；GB 5009.36-2016《食品安全国家标准 食品中氰化物的测定》。

4. 定义

本标准采用的定义按 GB／T 26760-2011 解释。

5. 质量指标

（1）酱香基酒期货合约交割标准品品质技术要求：

A. 基酒 1 期货合约交割标准品品质技术要求：

检验项目	计量单位	标准要求
酒精度（20℃）	%vol	53.0±1.0
固形物	g/L	≤ 0.70
总酸（以乙酸计）	g/L	≥ 1.40
总酯（以乙酸乙酯计）	g/L	≥ 2.20
甲醇	g/L	≤ 0.60
己酸乙酯	g/L	≤ 0.30
铅（以 Pb 计）	mg/kg	≤ 0.50

氰化物（以 HCN 计）	mg/L	≤ 8.0

B. 基酒 3 期货合约交割标准品品质技术要求：

检验项目	计量单位	标准要求
酒精度（20℃）	%vol	53.0±1.0
固形物	g/L	≤ 0.70
总酸（以乙酸计）	g/L	≥ 1.40
总酯（以乙酸乙酯计）	g/L	≥ 2.20
甲醇	g/L	≤ 0.60
己酸乙酯	g/L	≤ 0.30
铅（以 Pb 计）	mg/kg	≤ 0.50
氰化物（以 HCN 计）	mg/L	≤ 8.0

C. 基酒 5 期货合约交割标准品品质技术要求：

检验项目	计量单位	标准要求
酒精度（20℃）	%vol	53.0±1.0
固形物	g/L	≤ 0.70
总酸（以乙酸计）	g/L	≥ 1.40
总酯（以乙酸乙酯计）	g/L	≥ 2.20
甲醇	g/L	≤ 0.60
己酸乙酯	g/L	≤ 0.30
铅（以 Pb 计）	mg/kg	≤ 0.50
氰化物（以 HCN 计）	mg/L	≤ 8.0

（2）酱香基酒储存品质技术要求：入库指标，宜存；出库指标，宜存或轻度不宜存。

（3）酱香基酒期货交割出库总量允许范围待定。

（4）卫生检验和植物检疫按国家有关标准和规定执行。其中，卫生指标按照 GB／T 26760－2011 执行。

6. 检验方法

按照 GB／T 26760－2011 执行。

7. 附加说明

本标准由某某商品交易所负责解释。

三、影响合约价格的因素

酱香基酒期货合约的价格会受到多种因素的影响，包括市场供需状况、宏观经济环境、政策变化、季节因素等。

酱香基酒期货标准合约是一种高风险的投资品种，需要交易者有足够的风险意识和风险管理能力。而且，交易者需要了解相关市场规则和交易机制，并严格遵守交易规则和纪律，以确保交易的公平、公正和透明。

第三节　酱香基酒期货交易制度

酱香基酒期货交易制度主要包括以下几个方面：

一、保证金制度

1. 初始保证金。初始保证金是酱香基酒期货交易中客户需支付的最低保证金，用于保证客户履约。酱香基酒期货的初始保证金率由某某商品交易所设定，并根据市场风险状况进行调整。具体数额根据客户在交易所持有的酱香基酒期货合约数量及合约价值来计算。

2. 维持保证金。维持保证金是指客户在持有酱香基酒期货合约期间，需按照交易所规定，定期支付的保证金，以确保其履约能力。当市场波动导致客户所持有的合约价值发生变化时，维持保证金也会相应调整。

3. 追加保证金。当市场波动导致客户所持有的酱香基酒期货合约价值下降，使得保证金账户余额不足以维持规定的最低保证金水平时，客户须在规定的时间内补足差额，以恢复至初始保证金水平。如果客户未能在规定时间内补足差额，交易所将按照规定进行强制平仓。

4. 计算方式。酱香基酒期货的保证金计算方式主要根据交易所规定的保证金率和合约价值来计算。具体的计算公式可以是：保证金 = 开仓数量 × 当前价格 × 保证金率。其中，当前价格为某一时刻的最新成交价或收盘价。

5. 强制平仓：当投资者的账户权益低于维持保证金的要求时，交易所将会发出强制平仓通知，要求投资者追加保证金或者平仓。

6. 保证金交易制度：酱香基酒期货采用保证金交易制度，可以以小博大。假如，一手酱香基酒期货保证金约为 3000 元，而一手酱香基酒在现货市场价值约 3 万元，相当于只预付了 3000 元保证金就交易了 3 万元的酱香基酒，资金利用率提高了 10 倍。当酱香基酒期货价格波动 10%，交易者可获利 100%。

二、期限约定制度

1. T+0 交易机制：酱香基酒期货采用 T+0 交易机制，当天开仓当天就可以平仓，并且对开仓次数没有限制，这种交易机制为短线交易者提供了更多的交易机会。

2. 约定期限。酱香基酒期货合约的期限一般为几个月至一年不等，具体期限根据交易所规定而定。在合约到期前，客户需根据市场情况选择是否进行展期或平仓操作。

3. 到期交割制度：酱香基酒期货实行到期交割制度。酱香基酒期货合约有一个最后交易日，个人交易者在合约最后交易日前必须平仓，机构交易者如有交割资质，可继续持仓到商品交割日，进行实物交割。

三、涨跌停板制度

1. 涨跌停板制度。涨跌停板制度又称每日价格最大波动限制，即指期货合约在一个交易日中的交易价格波动，不得高于或者低于规定的涨跌幅度。超过该涨跌停幅度的报价将被视为无效，不能成交。涨跌停板一般是以合约上一交易日的结算价为基准确定的。

2. 涨跌停板制度的作用。涨跌停板制度的实施，对于控制期货市场的风险、防止价格的剧烈波动、维护市场的稳定具有重要作用。涨跌停板制度可以控制市场风险，还可以防止价格操纵以及提高市场流动性。

3. 涨跌停板制度的执行。当酱香基酒期货合约的当日交易价格触及涨跌停板时，商品交易所会采取相应的措施来控制市场的风险。

期货合约的涨跌停板指每日最大价格波动幅度，酱香基酒期货合约每日涨跌停板幅度为前一交易日结算价的 3%。

涨跌停板制度的执行方法如下：

（1）限制买入或卖出：交易所可以限制或暂停酱香基酒期货某一

方向的交易，以减少市场的波动。

（2）调整涨跌停板幅度：交易所可以根据市场情况对涨跌停板幅度进行调整，以适应酱香基酒期货市场的变化。

（3）实施强行平仓：对于酱香基酒期货持仓过大的投资者，交易所可以强行平仓，以减少市场的风险。

（4）发布风险提示：商品交易所会及时发布风险提示信息，提醒酱香基酒期货投资者注意风险。

四、限仓制度

1. 期货限仓制度。是指对酱香基酒期货会员或客户的持仓数量进行限制的制度，是商品期货交易所为了防止市场风险过度集中和防范操纵市场的行为，而对酱香基酒期货会员和客户的持仓量进行限制的管理措施。

2. 期货限仓种类。商品交易所会根据市场情况、历史数据以及其他相关因素，为酱香基酒期货会员和客户设定不同的持仓限额。在达到限额后，会员或客户不能继续增加持仓量，只能根据市场情况进行平仓。根据持仓量的大小，可分为以下三种类型：

（1）轻量级限仓：适用于持仓量较小的会员或客户。

（2）中量级限仓：适用于持仓量适中的会员或客户。

（3）重量级限仓：适用于持仓量较大的会员或客户。

3. 酱香基酒期货限仓内容。

（1）酱香基酒期货限仓会根据保证金的数量，规范持仓限量，主要是为了防止酱香基酒期货过度集中在少数交易者手中和防范操纵市场行为。

（2）商品期货交易所规范一个酱香基酒期货会员，对某种合约的单边持仓量不得超过商品交易所此种合约持仓总量的10%，否则商品交易所将对该会员的超量持仓部分实行强制平仓。

（3）要对酱香基酒期货客户的持仓进行限制，每个客户只能使用一个交易编码，商品交易所对每个客户编码下的持仓总量也有限制。

第四节　酱香基酒期货交易策略

酱香基酒期货交易的特点是"杠杆效应"，即投资者只需要缴纳一定比例的保证金，就可以进行数倍于保证金的交易，这使得酱香基酒期货交易具有高风险、高收益的特点，所以制定期货交易策略尤为重要。下面介绍需要了解的几个方面：

一、了解市场和产品

首先，你需要对酱香基酒期货市场要有深入的了解。这包括了解酱香基酒的供需情况、价格波动、交易规则等。只有当你对市场有足够的认识，才能更好地预测风险。

二、市场分析方法

市场分析是酱香基酒期货交易的重要环节，通过分析市场走势，酱香基酒投资者可以把握市场动向，制定相应的交易策略。市场分析的方法主要包括基本面分析和技术分析。基本面分析主要关注酱香基酒供求关系、宏观经济、政策等因素对市场的影响；技术分析则主要是通过对酱香基酒历史走势的研究，发现酱香基酒价格运动的规律。使用技术分析工具可以帮助你更好地理解酱香基酒市场走势，预测酱香基酒价格波动，从而更好地控制酱香基酒期货的风险。

三、制定明确的交易策略

在交易酱香基酒期货之前，需要理性地制定明确的酱香基酒期货交易策略，包括酱香基酒期货入场时机、止损点、交易量等。这样有助于你不为情绪所左右。制定酱香基酒期货交易策略是实现盈利的关键，需要考虑酱香基酒期货投资目标、风险偏好、资金管理等要素。常见的交易策略包括：

1. 套期保值：利用期货合约与现货市场的价格变动关系，规避酱香基酒价格风险。

2. 趋势跟踪：跟随市场趋势进行交易，在酱香基酒上涨或下跌行情中赚取收益。

3. 突破交易：在酱香基酒价格突破关键点位时入场交易。

4. 均值回归：当酱香基酒价格偏离正常水平时，预期其会回归正常水平。

四、控制风险

酱香基酒期货投资者需要对风险有足够的认识，并采取相应的措施进行酱香基酒期货的风险控制。首先，投资者需要根据自己的实际情况和风险承受能力，合理分配资金，控制仓位。其次，可以采取止损策略，设置合理的止损点位，避免亏损过大。此外，还可以通过酱香基酒期货套保、期权等方式进行风险管理。

五、注意资金管理

酱香基酒期货交易需要投入一定的资金，投资者应该合理管理资金。首先，需要根据自己的风险承受能力和交易经验，合理决定酱香基酒期货的仓位和资金投入比例。其次，需要严格控制交易成本，避免过高的手续费和滑点成本。最后，需要及时跟进酱香基酒市场动态，调整操作策略，避免出现过大的亏损。合理配置资金是风险控制的重要一环。不要把所有的资金都投入到一次交易中，避免因为一次亏损而损失全部本金。通过分散投资，你可以降低单一资产的风险，使整体投资组合更加稳健。

六、采用多种交易策略

有多种交易策略可以用于酱香基酒期货交易，如趋势追踪策略、趋势反转策略和做市商策略等。趋势追踪策略是利用酱香基酒价格走势进行交易的策略，当趋势为上涨时进行多单操作，反之则进行空单操作。趋势反转策略是在酱香基酒市场见顶或见底时进行反方向操作的策略。做市商策略是将酱香基酒期货挂单在市场上，以获取买入价和卖出价的价差利润。这些策略各有优缺点，投资者应根据自己的实际情况和市场情况选择合适的交易策略。

七、把握市场交易机会

在酱香基酒市场上，存在着各种交易机会，投资者需要及时把握。可以通过技术分析、基本面分析等各种方法，寻找市场趋势，并根据酱香基酒市场趋势进行交易。此外，还可以通过交易系统，制订更加有效的交易计划，提高操作效率和收益水平。

第五节　酱香基酒期货风险控制

进行酱香基酒期货交易，主要有投机交易、套利交易、套期保值三种交易模式，不同的交易模式，不但风险点是不同的，管理风险的方法也不尽相同。

一、酱香基酒期货风险成因

1. 市场风险。市场风险是酱香基酒期货投资者面临的主要风险之一。市场风险源于市场价格的波动，特别是价格的不利变动，导致投资者亏损。

2. 价格波动风险。酱香基酒期货的价格波动受到多种因素的影响，如供求关系、宏观经济环境、政策变化等。投资者应对此保持敏感，时刻关注市场动态，并根据市场走势做出相应的投资决策。

3. 交易风险。酱香基酒期货交易中存在的风险包括订单执行风险、交易系统风险等。投资者应确保交易系统的稳定性和可靠性，同时，在交易过程中要谨慎处理，避免因操作失误导致的损失。

4. 信用风险。在酱香基酒期货交易中，如果对方违约，可能会导致投资者无法正常完成交易，造成损失。因此，投资者应对交易对手的信用状况进行充分的了解和评估。

5. 流动性风险。流动性风险指的是投资者在需要卖出酱香基酒期货时，由于市场流动性不足，导致无法以合理的价格卖出。为了应对流动性风险，投资者应保持一定的持仓规模，以应对市场的波动。

6. 操作风险。操作风险指的是因人为操作失误或系统故障导致的损失。为了降低操作风险，投资者应定期对交易系统进行检查和维护，同时提高操作人员的专业素质和技能。

7.法律风险。法律风险主要来自对相关法律法规的理解和执行上的偏差。投资者应充分了解酱香基酒期货交易的相关法律法规，确保自己的投资行为合法合规。同时，在遇到法律纠纷时，应寻求专业法律人士的帮助，维护自己的合法权益。

8.风险控制策略。手段上要建立完善的风险管理体系；合理配置资金与仓位；严格执行止损与止盈；提高信息获取与分析能力。

二、酱香基酒期货投机交易的风险控制

酱香基酒期货投机交易，指在期货市场上以获取价差收益为目的的期货交易行为。

1.价格波动风险。价格波动风险是指价格波动使投资者的期望利益受损的可能性。价格波动风险是由于价格变化方向与投资者的预测判断和下单期望相背而产生的。价格波动受到多种因素的影响，包括供求关系、宏观经济形势、国际市场动态等。为了控制这种风险，交易者需要对市场进行深入的研究，掌握影响酱香基酒期货价格的主要因素，以便及时作出正确的决策。价格波动风险是酱香基酒期货投机交易的主要风险。

2. 交易风险。交易风险是指投资者在交易过程中产生的风险，包括由于市场流动性差，交易难以迅速、及时、方便地成交所产生的风险，以及期货价格波动较大，保证金不能在规定时间内补足，投资者可能面临被强行平仓的风险。又由于酱香基酒期货期货在合约到期时，由于各种原因导致交易者无法按时完成交割，进而影响其持仓合约的平仓。为了避免这种风险，交易者应了解酱香基酒期货的交割规则和流程，同时也要注意控制持仓合约的交割日期，避免因为疏忽而错过交割时间。

3. 自身因素风险。投资者自身的素质、知识水平、期货交易经验和操作水平等，都是影响风险的因素。表现在价格预测能力欠佳，仅仅凭消息或者主观随意猜测，当价格走势与判断相违背时，自然出现亏损；进行满仓操作，承受过大的风险，只看到获取利润的机会而忽视其中蕴含的风险，一旦遭遇价格稍大的波动，就会导致大部分的资金损失，甚至透支或穿仓；缺乏处理高风险投资的经验，实践中，经常有投资者因为拒绝止损而最终导致重大损失。投资者进入期货市场前必须对期货交易有足够的了解和认识，包括品种、交易所相关交易规则等。

4. 市场制度风险。酱香基酒期货市场的制度风险主要来自交易所的制度和规定。如果商品交易所的制度和规定发生变化，可能会对投机交易者产生影响。为了避免这种风险，交易者应了解交易所的制度和规定，同时也要关注商品交易所的政策动向，以便及时作出相应的调整。

5. 信息透明度风险。酱香基酒期货市场的信息透明度风险指的是市场信息的不对称性，即某些交易者可能拥有更多的信息或更快地获取信息的渠道。这种信息的不对称可能导致市场的公平性受损，进而给投机交易者带来风险。为了避免这种风险，交易者应尽可能地获取准确和及时的市场信息，同时也要遵循市场的交易规则，保证市场的公平和透明。

三、酱香基酒期货套利交易的风险控制

酱香基酒期货套利是指利用相关市场或者相关合约之间的价差变化，在相关市场或者相关合约上进行交易方向相反的交易，以期在价差发生有利变化时获利的交易行为。

1. 市场风险。市场风险是酱香基酒期货套利交易中最直接和显著的风险。它主要来自市场价格的波动，使价差往不利方向运行。价差的运行方向直接决定了进行套利的盈亏程度，如果价差向不利的方向运行，就意味着亏损。交易者需要密切关注市场动态，对价格走势进行准确预测，并制定相应的风险控制措施，例如设定止损点等。

2. 交割风险。主要指的是利用酱香基酒期货市场和酱香基酒现货市场差价套利时，能否生成仓单的风险，而且在做跨期套利的仓单有可能被注销重新检验的风险。投资者要在事前做出详细周密的计算，熟悉交割规则，以降低交割风险。在酱香基酒期货套利交易中有可能产生操作风险，这来自错误的下单、错误的平仓时机或者交易系统的故障等。交易者需要建立严格的交易系统和操作规程，对交易人员进行充分的培训和监督，同时定期对交易系统进行维护和升级。

3. 流动性风险。流动性风险是指由于酱香基酒期货市场交易不活跃或者买卖差价过大的情况下，期货套利交易者可能无法以期望的价格或数量完成期货交易的风险。交易者需要对期货市场进行充分的调研，了解各个期货合约的交易活跃度，并选择流动性较好的期货合约进行交易。

4. 交易对手风险。交易对手风险是指由于对手方违约引起的风险。在酱香基酒期货套利交易中，如果对手方无法履行合约义务，将会给交易者带来损失。为了控制交易对手风险，交易者需要选择信用良好的交易对手，并建立完善的信用管理体系。

四、酱香基酒期货套期保值交易的风险控制

酱香基酒期货套期保值是指企业在买进（或卖出）实际货物的同时，在期货交易所卖出（或买进）同等数量的期货合约作为保值。

第十六章　酱香基酒期货交易

1. 基差风险。基差是指酱香基酒现货价格和酱香基酒期货价格之间的价差。套期保值业务形成了酱香基酒期货和酱香基酒现货的对冲，虽然不存在绝对的价格风险，但仍然要面对酱香基酒期货和酱香基酒现货价格变化不同步的风险，即基差风险。基差风险是影响套期保值交易效果的主要风险。要建立完善的市场监测机制，及时发现和应对市场变化情况，制定合理的止损策略，避免亏损扩大。要选择适当交割月份和流动性好的期货合约，做好基差研究，减少基差风险对套保效果的影响。

2. 操作风险。操作风险主要是企业自身的因素，由不完善的内部流程、员工、系统以及外部事件导致损失的风险，包括员工风险、流程风险、系统风险、外部风险、保证金风险等。企业应建立健全内部控制机制，规范操作流程，避免操作失误和违规操作等问题的发生。要完善企业套期保值内控制度。合理的授权安排，明确的报告制度，完善的业务流程，尽职专业的操作人员，都是防范操作风险的好办法。

3. 流动性风险。流动性风险是指酱香基酒期货合约缺乏流动性给套期保值者带来的风险。充沛的资金是减少企业套期保值流动性风险的重要条件。企业应根据自身资金实力和风险承受能力，严格控制仓位，避免因仓位过大导致资金压力和风险增加。要合理配置资金和仓位，避免在市场流动性不足时产生无法平仓的风险。

4. 交易制度风险。该风险是由于企业对于商品交易所品种交割、套期保值额度申请制度的不熟悉带来的风险。要熟悉交易所品种交割和套期保值制度，根据企业自身情况提前申请好套保额度，熟悉品种交割流程，为交割做好准备。

第六节 酱香基酒期货交割及流程

酱香基酒期货的交割流程包括滚动交割和集中交割以及期转现交割。另外还具有交割基本要点。

一、滚动交割

1. 办理时间：交割月第一个交易日至最后交易日前一个交易日期间，每日 14:30 前。

2. 交割结算价：期货合约配对日前 10 个交易日（含配对日）交易结算价的算术平均价。

3. 交割模式：卖方申请、买方响应、交易所配对。

二、集中交割

1. 办理时间：最后交易日。

2. 交割结算价：期货合约配对日前 10 个交易日（含配对日）交易结算价的算术平均值。

3. 交割模式：卖方申请、买方选择、交易所配对。

三、期转现交割

1. 办理时间：期货合约自上市之日起到该合约最后交易日期间，均可进行期转现。

2. 交割结算价：交易所审批后，买卖双方持有的期货头寸，由交易所在批准日闭市后，按买卖双方达成的平仓价格平仓。

四、交割基本要点

1. 交割资质：一般纳税人；具备酱香基酒生产、储存、使用、经营、运输资质的客户；能够交付或者接收酱香基酒增值税发票的法人。

2. 交割单位：1吨。

3. 基准交割品：

符合 GB／T 26760－2011 基酒储存品质判定规则：依据中华人民共和国酱香型白酒国家标准。

4. 交割基准价：酱香基酒期货合约的交割基准价为该期货合约的基准交割品在基准交割仓库出库时的汽车板交货的含税价格。

5. 交割费用：

仓储费：1.5元／吨·天。

交割手续费：0.5元／吨。

仓单转让及期转现手续费：0.5元／吨。

6. 交割地点：

酱香基酒期货交割地点分为：

（1）交割仓库。

（2）交割厂房。

（3）保税交割仓库。

7. 交割结算：

（1）交割货款入金。"交割资金池"是会员席位资金账户下专门设置用于存放买方交割货款的科目，买方会员入交割货款，须入金到"交割资金池"，否则交割时会导致违约。交割完成后，货款直接转入卖方保证金账户，"交割资金池"中未使用完的资金买方需单独申请出金。

（2）最后交易日仓单公布。最后交易日交割卖方客户未公布仓单信息或公布数量小于卖持仓时，交易所将强制公布该客户名下酱香基酒所有可流通状态的仓单信息供买方挑选。

第七节　酱香基酒期货标准仓单

一、仓单的定义

标准仓单是指仓库或厂库按照商品交易所规定的程序提交仓单注册申请后，经商品交易所注册，可用于证明货主拥有实物或者可予提货的财产凭证。标准仓单分为仓库标准仓单和厂库标准仓单两种。

根据期货商品完税状态的不同，标准仓单分为保税标准仓单和完税标准仓单。

根据流通性质不同，标准仓单分为通用标准仓单和非通用标准仓单两种。非通用标准仓单是指标准仓单持有人按照交易所的规定和程序只能到仓单载明品种所在的仓库或厂库提取所对应货物的财产凭证。

酱香基酒的仓单是非通用标准仓单。

二、酱香基酒的入库

酱香基酒运输必须符合国家关于运输的规定。入库货物单证及货主经营资质由仓库负责审验。

生产的酱香基酒申请入库的，应当向仓库提交本批酱香基酒生产厂家出具的符合交割标准的《产品质量证明书》。《产品质量证明书》须载有生产厂家、生产日期、适用的质量标准和该批产品的质量检验结果等信息。

已经入库的酱香基酒，货主能够提供质检机构出具的该货物符合酱香基酒期货交割标准的检验报告，经仓库认可，可以申请注册仓单。

三、仓单的注册

1. 仓库仓单注册业务

仓库承担注册业务顺序为：

（1）交割预报。（2）入库验收。（3）质量检验。（4）申请注册。（5）生成仓单。

交割预报。客户或非期货公司会员向仓库发货前，应当由会员填写《交割预报单》，仓库接到之日起 2 个工作日内回复能够接收的数量，仓库回复之日起 2 个工作日之内，向仓库缴纳 30 元 / 吨的交割预报定金。

入库通知单。仓库收到交割预报定金的当日，开具《入库通知单》，酱香基酒《入库通知单》有效期 (公历日) 为 30 天。

质量检验。酱香基酒的质量检验为指定质检机构检验。

申请注册。酱香基酒货主对检验结果无异议的，仓库向交易所申请注册。

生成仓单。商品交易所审核生成仓单。

2. 厂库仓单注册业务

厂库仓单注册业务顺序为：

（1）厂库申请注册。（2）会员确认。（3）仓库提交注册。（4）生成仓单。

厂库申请注册。非期货公司会员或客户与厂库结清货款等费用后，厂库通过商品交易所仓单系统提交仓单注册申请。

信用担保。厂库申请仓单注册，必须提供商品交易所认可的银行履约保函、现金或交易所认可的其他支付保证方式。

担保金额。厂库提交的保证金数额按照最近交割月合约前一交易日结算价计算。

调整数额。当酱香基酒期货市值发生较大波动，商品交易所可要求厂库调整银行履约保函、现金或交易所认可的其他支付保证方式数额。

四、仓单注销

仓单注销业务顺序为：

（1）仓单注销申请。（2）交易所审核。（3）办理提货通知单 。（4）提货。

注销提货。客户委托会员根据各仓库实际仓单数量，选择一个或几个仓库提货。

开出提货单。商品交易所审核注销、开具提货通知单后，会员或客户应及时编制《提货通知单》验证密码。

提货。交易所开出《提货通知单》之日起 10 个工作日，持有人应当凭《提货通知单》验证密码、提货人身份证、提货人所在单位证明到仓库办理提货手续 (确认商品质量、确定运输方式和发货计划、预交各项费用)。

逾期处理。逾期未办理相关手续的，按现货提货单处理，仓库不再保证全部商品质量符合规定标准。厂库不再保证按酱香基酒期货规定承担日发货速度等责任，具体提货事宜由货主与厂库自行协商。

五、酱香基酒的出库

出库时酱香基酒不符合交割质量标准的，仓库承担赔偿责任。

出库数量发生损耗造成短少的，仓库应及时补足。不能及时补足的，仓库按《提货通知单》开具日 (含当日) 之前酱香基酒期货最近交割月最高交割结算价核算短少商品价款，赔偿货主。

六、仓单的有效期

酱香基酒：每年 5 月、11 月第 12 个交易日 (不含该日) 之前注册的标准仓单，应在当月的第 15 个交易日 (该日) 之前全部注销。

第八节　酱香基酒期货质检机构

酱香基酒期货的质检机构对于保证酱香基酒的质量和交易的公平性起着至关重要的作用。质检机构的主要职责是按照规定的标准和方法对酱香基酒进行检测，以确保其符合相关要求和规定。

质检机构通常拥有先进的检测设备和专业的技术人员，能够进行准确、可靠的检测。在酱香基酒期货交易中，质检机构负责对酱香基酒样品进行取样、制备和检测，并出具相应的检测报告。这些报告是酱香基酒交易的重要依据，能够帮助买卖双方了解酱香基酒的质量情况，避免出现质量问题引起的纠纷。

此外，质检机构还承担着监督和管理的职责，对于不符合要求的酱香基酒，质检机构有权予以退货或销毁，以保护消费者的权益和市场的公平竞争。同时，质检机构也会定期公布检测结果，为市场提供参考信息，促进酱香基酒质量的提升。

　　总之，酱香基酒期货的质检机构是保障酱香基酒质量、维护市场公平的重要力量。在选择质检机构时，应选择具有权威性、专业性和公正性的机构，以确保检测结果的准确可靠。

下篇 ◀

酱香基酒的元宇宙

第十七章

元宇宙

第一节　元宇宙概述

元宇宙（Metaverse）是一个虚拟世界，由人类运用数字技术构建，它可以映射或超越现实世界，并与现实世界进行交互。这个虚拟世界具备新型社会体系的数字生活空间。

元宇宙一词源于 1992 年的科幻小说《雪崩》，由美国著名科幻作家尼尔·斯蒂芬森提出。元宇宙集成了一大批现有技术，包括 5G、云计算、人工智能、虚拟现实、区块链、数字货币、物联网、人机交互等。

元宇宙并非新技术，而是各种现有技术的集大成者。它是一个虚拟的世界，更准确地说，是未来的虚拟世界（现在还不存在）。在元宇宙中，每个人都有一个"网络分身"，英文名为 Avatar，这也是电影《阿凡达》的名字来源。

元宇宙的发展历史可以追溯到 1981 年美国计算机教授弗诺·文奇在小说《真名实姓》中创造的虚拟世界，通过脑机接口进入并获得感官体验。虽然这个概念在当时看起来非常超前，但如今看来，它已经成为了现实的一部分。

第二节　元宇宙的技术基础

元宇宙的技术基础主要包括以下内容：

一、3D 建模技术

用于构建元宇宙中的虚拟空间和物体，3D 建模技术能使元宇宙的场景更加真实。

二、增强现实技术

增强现实技术能将数字信息和元素投射到现实世界中，实现与现实世界的交互关系，增强用户的沉浸感。

三、虚拟现实技术

通过虚拟现实设备和交互技术，虚拟现实技术让用户在元宇宙中感受身临其境的沉浸式体验。

四、区块链技术

区块链技术用于构建去中心化的数字经济体系，保证元宇宙中数字资产的安全性和可信性，实现安全交易和管理。

五、人工智能技术

人工智能技术用于构建元宇宙中的智能体，以及处理和分析大量的数据，使元宇宙中的角色更加智能化。

六、云计算技术

云计算技术用于管理和存储元宇宙中的信息、数据和应用程序，从而提供强大的计算和存储能力。

七、智能交互技术

智能交互技术通过自然语言处理、语音识别、人脸识别和手势识别等技术实现人机交互，提高用户体验。

八、大数据技术

大数据技术用于收集、处理和应用元宇宙中的多样化数据，从而挖掘数据价值。

九、游戏引擎技术

游戏引擎技术用于构建元宇宙中的游戏和虚拟场景，提供高效的渲染和开发能力。

十、元数据技术

元数据技术用于对元宇宙中的数据和信息进行分类、存储和管理，从而方便用户查找和使用。

这些技术的集成和协同作用是元宇宙实现的关键，需要将这些技术融合起来，构建完整的系统。

第三节　元宇宙的应用场景

元宇宙是一个虚拟的、可交互的、多维度的世界，由数字化的物品、虚拟现实技术和区块链技术构成。它具有无限的可能性，可以在各个领域得到广泛应用。以下是一些元宇宙的应用场景：

一、游戏

元宇宙可以作为游戏的背景世界，提供更加真实的游戏体验。

二、社交

元宇宙可以成为人们社交的场所，人们可以在其中进行虚拟聚会、虚拟旅游等活动。

三、教育

元宇宙可以作为教育平台，提供更加丰富的学习资源和互动体验。

四、商业

元宇宙可以作为商业平台，提供虚拟商品交易、广告投放等服务。

五、医疗

元宇宙可以作为医疗平台，提供远程诊断、手术模拟等服务。

六、文旅

随着国家文化数字化战略的深入实施，元宇宙正在以新理念、新业态、新模式与文旅行业发展深度结合，成为文旅行业数字化转型的一个重要领域。例如，通过元宇宙技术赋能景区、乐园、历史古迹、博物馆等旅游景点，涉及 3D 数字空间、AR 数字化景区、数字博物馆、数字艺术展览等场景。

七、购物

为了进一步刺激消费，大型厂商如亚马逊、沃尔玛、阿里巴巴等纷纷推出 VR/AR 购物模式，构建更高效的人、货、场。

上述这些只是元宇宙潜在的一些应用场景，随着技术的不断进步和普及，元宇宙的应用场景将会更加广泛和深入。

第四节　元宇宙的发展趋势

元宇宙是一个虚拟的世界，随着技术的不断进步和应用的不断深化，元宇宙的发展趋势可能会表现在以下几个方面：

第十七章　元宇宙

一、技术进步

随着虚拟现实、增强现实、人工智能等技术的不断发展，元宇宙的体验将更加真实、自然、智能化。例如，VR/AR 设备将提供更为逼真的沉浸式体验，AI 技术则可以为元宇宙中的虚拟人物赋予更丰富的情感和智能。

二、应用场景的扩展

元宇宙的应用场景将不断扩大，不仅限于游戏、社交、娱乐等领域，还可能涉及教育、医疗、工业等领域。例如，在教育领域，元宇宙可以构建虚拟的历史博物馆，让学生身临其境地感受历史；在医疗领域，元宇宙可以模拟手术场景，用于手术训练和模拟。

三、社区的壮大

元宇宙的发展需要一个强大的社区支持，包括开发者、用户、投资者等各方面的人才。随着元宇宙的普及和应用，这个社区将不断发展壮大，为元宇宙的创新和商业化提供源源不断的动力。

四、商业化的加速

随着元宇宙的广泛应用，商业化的速度将逐渐加快。例如，元宇宙中可能出现的虚拟商品交易、广告投放、虚拟演出等商业模式，将为元宇宙带来新的商业机会和收入来源。

五、本地化的发展

随着不同国家和地区对元宇宙的需求和文化差异的增加，元宇宙可能会呈现出本地化的趋势。例如，在不同的文化背景下，元宇宙中的虚拟人物和场景可能会呈现出不同的特色和风格，以满足当地用户的需求。

第十八章

区块链

第一节　区块链定义

区块链是一种块链式存储、不可篡改、安全可信的去中心化分布式账本，它结合了分布式存储、点对点传输、共识机制、密码学等技术，通过不断增长的数据块链（Blocks）记录交易和信息，确保数据的安全和透明性。

区块链相当于一个去中介化的数据库，它是由一串数据块组成的，每一个数据块都包含了一次比特币网络交易的信息，而这些都是用于验证其信息的有效性和生成下一个区块的。

第二节 区块链技术

区块链技术的核心特点是去中心化，即没有一个单一的中心化机构来控制和管理整个系统，所有节点都有相同的权力和义务。

区块链技术最初起源于比特币，作为比特币的底层技术，用于去中心化和去信任地维护一个可靠的数据库。随着技术的发展和应用，区块链逐渐扩展到其他领域，如金融、供应链、医疗、版权保护等。

在区块链系统中，数据以区块的形式不断地增长和链接，形成一个不可篡改的数据链条。每个数据区块都包含了前一个区块的哈希值和自身的交易数据，形成了数据的完整性和可追溯性。同时，区块链技术采用密码学方式保证数据传输和访问的安全，使得数据难以被非法篡改或攻击。

共识机制是区块链技术的另一个重要组成部分，它解决了多个节点之间如何达成共识的问题。不同的区块链系统可以采用不同的共识机制，如工作量证明（Proof of Work）、权益证明（Proof of Stake）等。这些机制保证了节点间的数据一致性和准确性。

智能合约是区块链技术的又一重要应用。智能合约是自动执行和履行合同的一种技术，通过将合同条款编写成自动化脚本代码并部署在区块链上，可以实现合同的自动执行和履行。智能合约的应用场景非常广泛，如数字货币交易、供应链管理、数字版权保护等。

总之，区块链技术是一种具有巨大潜力的新兴技术，它通过去中心化、不可篡改、安全可信的分布式账本技术，解决了多个主体之间的信任问题，提高了数据的安全性和透明度。随着技术的不断发展和应用场景的不断拓展，区块链技术将会对金融、供应链、医疗、版权保护等领域产生深远的影响。

第三节　区块链应用场景

区块链的应用场景非常广泛，以下是一些主要的领域：

一、金融领域

区块链技术可以提高交易速度、降低交易成本、增强交易的透明度和安全性，因此被广泛应用于数字货币、证券、保险、贷款等业务中。区块链技术以其去中心化、安全性高、透明度强等特点，为金融领域带来了革命性的变革。

区块链技术的最广泛应用是数字货币，如比特币、以太币等。这些数字货币基于区块链技术，实现了去中心化的交易和支付，提高了交易速度和安全性。智能合约是自动执行合约条款的计算机程序，通过区块链技术实现合约的自动执行和验证，降低了合约执行成本和风险。区块链技术可以用于股权登记和证券交易，提高交易效率和透明度，降低交易成本和风险。区块链技术可以用于记录和管理保险合同，实现快速理赔和降低保险欺诈风险。区块链技术可以用于贸易融资，提高融资效率和安全性，降低融资成本和风险。

总而言之，区块链技术可以简化交易流程，提高金融交易的效率和可追溯性。区块链技术的去中心化和透明度特点可以降低金融风险，减少欺诈和假账问题。区块链技术可以创新金融业务模式，推动金融业的发展和变革。

二、供应链管理

随着经济全球化和数字化的发展，供应链管理变得越来越复杂。

区块链技术作为一种新兴的分布式账本技术，为供应链管理带来了革命性的变革。区块链技术可以记录商品从生产到消费的每一个环节，让消费者可以轻松追溯商品的来源和真伪。这种技术可以应用于食品、药品、奢侈品等领域。

区块链技术通过去中心化、不可篡改的特点，记录了供应链中所有的交易和事件。各参与方可以实时查看供应链的状态和进展，提高了供应链的透明度。同时，由于数据不可篡改，区块链技术还可以防止数据造假和欺诈行为。

供应链金融是区块链技术的另一个重要应用领域。通过区块链技术，金融机构可以更加准确地评估供应链的风险和信用状况，提供更加灵活和个性化的金融服务。同时，区块链技术还可以降低金融交易的成本和风险。

区块链技术可以帮助企业更好地管理供应链风险。通过区块链技术，企业可以实时监控供应链的状态和进展，及时发现和解决潜在的问题。此外，区块链技术还可以帮助企业建立更加完善的应急响应机制，提高应对风险的能力。

三、版权保护

区块链技术为版权保护提供了一种革命性的解决方案。传统的版权保护主要依赖于中心化的机构，如版权局，但这种模式存在一些问题，如版权登记时间长、维权成本高、举证困难等。而区块链技术的去中心化特性使得版权确权变得更加简单、快捷和低成本。通过区块链技术，作者可以在发布作品的同时，将作品的哈希值上传至区块链，从而完成版权登记。这个过程不需要任何中心化机构的介入，大大降低了确权的成本。一旦发生版权纠纷，可以通过比对作品哈希值与区块链上的记录来快速确定作品归属，大大提高了维权的效率。

四、内容审核

随着互联网的普及，内容审核成为一个重要的问题。传统的审核方式主要依赖于人工的内容审查，这种方式效率低下且容易出错。而区块链技术为内容审核提供了一种新的思路。通过区块链技术，可以将内容加密并存储在区块链上，只有经过授权的用户才能查看内容。这样可以有效地避免不良内容的传播。此外，区块链技术的智能合约还可以设定一定的审核规则，只有符合规则的内容才能被发布。这种方式可以大大提高审核的效率和准确性。

五、内容溯源

区块链技术还可以用于内容溯源。在传统的溯源方式中，由于缺乏有效的技术手段，往往难以保证数据的真实性和可信度。而区块链技术的不可篡改性和可追溯性使得内容溯源变得更加可靠。通过区块链技术，可以将内容的来源、传播路径和修改记录等信息存储在区块链上，形成一个完整的内容溯源链条。这种方式可以有效地避免虚假信息的传播，同时还可以帮助用户了解内容的来源和传播情况。

六、激励分享

区块链技术还可以用于激励分享。传统的分享方式往往是单向的，用户只能被动地接受信息，而无法获得相应的回报。而区块链技术的智能合约可以实现自动化的奖励机制，激励用户分享优质内容。通过区块链技术，可以将用户的分享行为记录在智能合约中，根据分享的质量和影响力等因素，自动发放相应的奖励。这种方式可以激励用户更加积极地分享优质内容，同时还可以增加用户对平台的黏性和忠诚度。

七、医疗保健

区块链技术以其去中心化、安全性高、可追溯等特性，在医疗保健领域展现出巨大的应用潜力。首先，区块链技术可以确保医疗数据的安全性和隐私性。通过加密技术，区块链能够确保医疗数据在传输和存储过程中的安全，防止数据被篡改或窃取。其次，区块链技术可以提高医疗服务的透明度和可追溯性。区块链的分布式账本特性使得医疗流程中的各个环节都能够被有效记录和监控，提高了医疗服务的透明度和可信度。通过智能合约等技术，可以实现自动化的医疗服务流程，减少人力成本。

比如，区块链技术可以用于构建一个去中心化的电子健康记录系统，使得患者和医疗机构都能够安全地存储和共享医疗数据。这种系统可以提供更好的医疗服务和疾病预防服务，降低医疗成本，提高医疗服务效率。又如，通过区块链技术，可以对药品的生产、运输、销售等各个环节进行全程追溯，保证药品的质量和安全性。同时，也可以实现对药品库存的有效管理，提高药品供应效率。再如，区块链技术可以实现远程医疗中的数字身份验证和数据共享，提高远程医疗服务的安全性和可靠性。通过智能合约等技术，也可以实现自动化的远程医疗服务流程。

第四节　区块链安全机制

一、去中心化

区块链技术采用去中心化的分布式数据库，数据不是集中存储在某个中心服务器上，而是分散存储在多个节点上。这种去中心化的结构使得区块链不易受到攻击，因为攻击者需要同时攻击多个节点才能破坏系统的安全。

二、加密算法

区块链技术利用了多种加密算法来确保数据安全。数据在区块链中是经过加密处理的，只有拥有相应私钥的用户才能访问数据。私钥是密码，只有拥有私钥的用户才能进行数据操作。此外，区块链还使用了哈希函数来确保数据的完整性，如果数据被篡改，其哈希值也会发生变化，从而及时发现数据的篡改。

三、智能合约

智能合约是自动执行程序的一种合约，在区块链上实施。智能合约能够确保数据隐私，因为合约中的数据是加密的，只有合约的参加方才能浏览和修改数据。例如，在医疗领域，智能合约能够帮助确保患者的隐私，患者的病历数据能够被加密后存储在区块链上，只有患者和医生才能浏览这些信息，避免了数据泄露和乱用。

四、时间戳机制

每个区块都包含一个时间戳和一个唯一的哈希值。这些值是由前一个区块的哈希值和当前区块的交易信息生成的。如果一个区块被篡改，它的哈希值将改变，这将影响到其后面的所有区块。这种时间戳机制确保了交易的可靠性和防止篡改。

综上所述，区块链的安全机制是通过去中心化、加密算法、智能合约、时间戳机制等手段来确保数据的安全性、完整性和隐私性。这些机制使得攻击者难以篡改数据或进行其他恶意行为。

第五节 区块链市场趋势

区块链市场趋势主要表现在互操作性和DeFi2.0的发展。

随着区块链技术的普及，互操作性成为一个重要的市场趋势。不同区块链平台之间的互操作性意味着数据和资产可以在不同链之间顺畅转移，这有助于创建一个无缝、互连的去中心化应用网络。为了实现这一目标，跨链通信协议等标准的采用正在逐渐被业界接受和实施。这种趋势有助于打破区块链孤岛，促进不同平台之间的协作和统一。

另一个重要的市场趋势是DeFi2.0的发展。DeFi（去中心化金融）在近年来取得了显著进展，而DeFi2.0标志着金融格局的进一步演变。除了最初的去中心化金融应用激增外，DeFi2.0还引入了更多高级功能，例如智能合约、自动化做市商（AMM）以及增强的安全机制。这些创新使得DeFi生态系统更加强大、复杂和透明，同时也降低了交易对手风险。投资者和用户将在这个新阶段中体验到更加完善和高效的金融服务。

总之，互操作性和DeFi2.0的发展是区块链市场的两大主要趋势。这些趋势反映了区块链技术不断进步和成熟的过程，同时也为未来的创新和应用奠定了基础。

第六节　区块链国家战略规划

一、国家规划

我们国家制定了区块链发展战略规划和行动计划，明确了未来一段时间内区块链发展的重点领域和关键技术，以及相应的产业布局和政策支持。例如，《"十三五"国家信息化规划》将区块链技术列为战略性技术。《新一代人工智能发展规划》也明确提出了促进区块链技术与人工智能融合。

二、法律法规

针对区块链发展中面临的问题和风险，我国加快了对相关法律法规的制定和完善。例如，《区块链信息服务管理规定》中明确了区块链服务提供者的责任和义务。《中华人民共和国数据安全法》则规定了数据安全的基本原则和管理要求，保障了个人和企业数据的安全和隐私权。

三、财政支持

为了鼓励企业和机构开展区块链研究和应用，国家提供了多方面的财政支持。

1. 设立专项资金用于支持区块链技术创新和产业升级。

2. 减免企业税费，降低企业经营成本。

3. 加强人才培养和引进，提高人才待遇和福利等。

四、技术标准

为了规范区块链技术的发展和应用，国家制定了统一的技术标准和规范。这些标准和规范包括：区块链基础协议、智能合约语言、跨链互操作协议等。通过建立统一的标准体系，有助于促进不同平台之间的互联互通和互操作性。

总的来说，我国在区块链领域已经取得了一定的成绩。未来还需要进一步加强政策引导和支持力度，推动产业链上下游协同创新和发展壮大。

第十九章

元宇宙在酱香基酒期货中的应用

第一节 酱香基酒期货为什么要应用元宇宙技术

元宇宙是一种虚拟世界，它与现实世界相互关联，它利用先进的技术和算法，创造出一个与现实世界相似的虚拟世界，并且在某些方面比现实世界更加丰富和生动。

一、元宇宙在金融行业的现状

目前，金融行业在元宇宙中的应用还处于初级阶段，但是一些金融机构已经开始尝试在元宇宙中提供服务。例如，一些银行和金融机构已经开始在元宇宙中开设虚拟分行或代表处，提供虚拟金融服务。此外，一些保险公司也开始探索在元宇宙中提供保险服务。

第十九章　元宇宙在酱香基酒期货中的应用

除了金融机构之外，元宇宙中的金融应用，还包括虚拟资产交易、去中心化金融 (DeFi)、NFT 等。虚拟资产交易是指在元宇宙中进行的数字资产交易，这些数字资产可以是虚拟货币、数字艺术品或其他形式的数字资产；去中心化金融 (DeFi) 是指在元宇宙中基于区块链技术实现的金融应用，如借贷、投资等；NFT 则是数字艺术品在元宇宙中的表现形式，具有唯一性和不可篡改性，可以通过区块链进行确权和交易。

虽然目前元宇宙中的金融应用还处于初级阶段，但是随着技术的不断进步和应用的不断深化，相信未来元宇宙中的金融应用将会更加广泛和深入。

二、酱香基酒期货与元宇宙

酱香基酒期货如果使用元宇宙主要涉及两个方面：首先是元宇宙为酱香基酒期货交易提供了新的交易场景，其次是酱香基酒期货市场为元宇宙提供了新的投资机会。

1. 元宇宙可以为酱香基酒期货交易提供更加丰富和真实的交易场景。传统的期货交易主要在交易所进行，而元宇宙则可以为酱香基酒期货交易者提供一个虚拟的交易环境，使酱香基酒期货交易者可以在更加真实和生动的场景中进行交易，使得酱香基酒期货交易者可以在虚拟的环境中体验真实的交易乐趣。

2. 酱香基酒期货市场也可以为元宇宙提供新的投资机会。随着元宇宙的发展，越来越多的人开始认识到元宇宙的投资价值。在酱香基酒期货市场中，交易者可以通过买卖与元宇宙相关的期货合约获取投资收益。此外，酱香基酒期货市场的风险管理制度和投资策略也可以为元宇宙的发展提供有益的参考。

第二节 元宇宙技术在酱香基酒期货中的应用

一、元宇宙中的应用体现

元宇宙可以创造一个虚拟的期货操作环境，酱香基酒期货如果应用元宇宙，应该主要体现在以下几个方面：

1. 模拟交易环境。元宇宙技术可以模拟酱香基酒期货市场的交易环境，包括酱香基酒期货交易场所、交易方式、交易规则等，使酱香基酒期货从业者在元宇宙中进行实训操作，更深入地了解期货市场的运作状况。

2. 数据分析与决策。在模拟的酱香基酒期货交易环境中，酱香基酒期货的从业者，可以根据元宇宙提供的酱香基酒期货数据和市场分析工具，进行酱香基酒期货投资决策和风险评估，这有助于酱香基酒期货从业者更好地了解解期货实际市场中的操作和策略。

3. 虚拟会议与推介。元宇宙技术也可以用于酱香基酒期货产品发布会、推介会等会议活动，通过虚拟期货交易现实的方式，使酱香基酒期货参与者更深入地了解酱香基酒期货产品，可以提高推介效果。

4. 品牌打造与虚拟客服。元宇宙技术可以用于打造虚拟酱香基酒品牌官和 AI 数字人等酱香基酒的客服形象，提升酱香基酒期货公司的品牌形象和服务质量。

5. 元宇宙支付系统。元宇宙技术还可以应用于酱香基酒期货行业的支付系统，例如实现酱香基酒期货虚拟货币的交易和结算，提高酱香基酒期货交易效率和安全性。

6. 预测市场走势。通过元宇宙的 AI 技术，可以预测酱香基酒期货市场的走势，为酱香基酒期货从业者提供有价值的参考信息。

但需要注意的是，元宇宙在期货中的应用目前仍处于探索阶段，实际效果和应用前景还需继续研究和探索。

二、元宇宙的系统设计

1. 构建虚拟环境。元宇宙为酱香基酒期货交易提供了全新的虚拟环境。这个环境能够模拟现实中的酱香基酒期货交易场景，提供实时行情、交易品种、交易工具等，使交易者沉浸其中。

2. 设计实时交互。在元宇宙中，酱香基酒期货的用户之间、酱香基酒期货用户与系统之间，有着实时的信息交互。这包括酱香基酒期货交易指令的下达、市场数据的获取、交易者之间的交流等。

3. 应用 AI 辅助决策。AI 技术可以应用于酱香基酒期货交易的多个环节，如行情预测、交易策略制定、风险管理等。在元宇宙中，AI 可以为酱香基酒期货用户提供智能化的决策支持，帮助其更好地预判酱香基酒的期货交易。

4. 做好安全保障。元宇宙中的酱香基酒期货交易涉及大额的资金流动，因此资金的安全保障至关重要。安全保障还包括酱香基酒期货数据加密、身份验证、交易监控等多方面的技术应用。

5. 具备扩展性。随着技术的不断进步和市场的变化，酱香基酒期货的元宇宙系统应具备良好的扩展性，能够适应新的期货市场需求和变化。

6. 提供用户体验。用户体验是元宇宙中非常关键的因素。酱香基酒期货系统设计应充分考虑到从业者的使用习惯、偏好和需求，提供流畅、直观、易用的界面和功能。

7. 合规与监管。酱香基酒期货的交易，会受到严格的法规监管。在元宇宙中，这些规定同样适用，因此酱香基酒期货系统的设计，应确保符合相关法规要求，并能有效支持监管机构的检查和审计。

8. 良好的社区建设。元宇宙不仅是一个交易平台，也可以成为酱香基酒期货从业者交流、学习、分享的社区平台。通过社区建设，可以提高酱香基酒期货从业者的参与度和黏性。

9. 持续更新与优化。跟随着酱香基酒期货市场的变化和技术的发展，元宇宙系统应持续对元宇宙系统进行更新和优化，以保持其竞争力和吸引力。

10. 跨平台兼容性。为了覆盖更广泛的酱香基酒期货从业者群体，元宇宙系统应具备良好的跨平台兼容性，支持多种终端设备和操作系统。

总的来说，酱香基酒期货的元宇宙系统设计是一个复杂且多元的系统，需要综合考虑技术、业务、交易者体验和法规等多个方面。通过这样的系统，我们可以为酱香基酒期货交易带来一种全新的、沉浸式的体验，同时确保交易的安全、合规和高效。

区块链在酱香基酒期货中的应用

第一节 酱香基酒期货为什么要应用区块链技术

一、应用的主要原因

1. 可以去中心化。区块链技术实现了酱香基酒期货交易的去中心化，因为没有中央交易所的干预，保证了酱香基酒期货交易的公正性和透明性。

2. 保证安全性。区块链技术的应用，使所有的酱香基酒期货交易信息都被记录在区块链上，并且不可篡改，从而保障了酱香基酒期货交易过程中资金和信息的安全。

3. 更大范围销售。区块链技术允许不同地区的酱香基酒期货交易者，通过一个统一的交易平台进行交易，扩大了酱香基酒期货市场广度。

4. 交易便捷性。区块链酱香基酒期货交易可以随时进行，无须等待中心交易所的开市时间。由于酱香基酒期货区块链交易的高效和智能合约的应用，酱香基酒期货交易流程更加快捷和简单。

5. 解决信用风险。区块链的"去中心化的分层结算"的特点，低成本地解决了酱香基酒期货机构(包括风险管理公司)在服务实体企业的信用问题。

总的来说，区块链技术的应用可以使期货交易更为高效、安全、便捷，从而增强市场信任、提高市场效率、降低操作风险。

二、酱香基酒期货的整体性

1. 酱香基酒期货是系统工程。

酱香基酒期货是一个系统工程，包括了酱香基酒的原料采购、组织生产、仓库存储、货物运输、产品销售、职业培训等各个子系统。由于区块链是去中心化分布式账本技术，是以块的形式记录和存储数据，每个块都包含一定数量信息和前一个块的哈希值，这种方式形成了不断增长的链条，并且达到了数据的去中心化、可追溯、不可篡改。这不但为酱香基酒期货交易的整体性提供了保障，而且对酱香基酒期货的各个子系统都提供了保障。

2. 酱香基酒期货的子系统。

子系统 1：原料采购供应链。

酱香基酒的原料采购供应链，包括原料的采购、运输、储存多个环节，这些环节的管理和质量控制，也依赖于区块链技术。酱香基酒的原料采购供应链是一个严格的管理体系，确保了酱香基酒的质量和安全性，为有关企业提供了可信赖的高品质酱香基酒产品。

子系统2：酱香基酒的生产。

酱香基酒的生产是一个复杂而严谨的过程，涵盖了原料的选择、酒曲的制造、酿造的过程，每个环节都对酱香基酒的品质至关重要。酱香基酒生产环节本身也需要区块链技术的使用。酱香基酒原料主要是红糯高粱，对于酱香基酒独特风味的形成起到了重要作用；酱香基酒的酒曲制作也是非常讲究的，需要严格控制温度和湿度，以确保酒曲的质量；酱香基酒在酿造过程中，酒厂会对原料进行多次蒸煮和发酵，以保证酱香基酒的风味。

子系统3：酱香基酒的仓储。

酱香基酒仓库管理是一个至关重要的环节。它不仅关乎酱香基酒的品质保持，还涉及酱香基酒企业的成本控制与运营效率。仓库的温度应保持在15℃～25℃，相对湿度应在60%～70%。此外，酱香基酒的储存还要求避免阳光直射、震动和异味。酱香基酒仓储应该有采购、验收、入库和出库流程。这些流程借助于区块链的技术应用，可以及时发现并处理库存问题，确保库存数据的准确性等。

子系统4：酱香基酒的运输。

酱香基酒的运输管理是确保其品质的重要环节。通过区块链技术的使用，可以有效地保护酱香基酒的品质不受影响，在实操中可避免可能影响酒品质量的因素，如温度、湿度、路况等，将使酱香基酒的运输更加科学、专业和高效。

子系统5：酱香基酒的销售。

酱香基酒的销售是推动酱香基市场拓展的关键，酱香基酒的销售使用区块链技术，可以加强酱香基酒销售管理，在提升品牌形象和知名度、控制市场价格波动和风险、优化销售渠道布局与拓展、客户关系管理、销售数据监控与分析、提升客户满意度和忠诚度等方面都有意义。

子系统 6：酱香基酒的职业培训。

酱香基酒的职业培训，能够有效提升酱香基酒相关企业员工的技能水平和专业知识，确保酱香基酒全流程的顺畅进行。酱香基酒的职业培训包括了原料采购、组织生产、仓库存储、货物运输、产品销售各个方面，酱香基酒的职业培训使用区块链技术，会使上述每个环节都有严格的操作规范和极高的专业要求。

第二节 区块链与原料采购供应链

一、应用区块链的必要性

供应链管理是现代企业不可或缺的部分，其中原料采购是其核心环节之一。然而，传统的采购供应链存在着许多问题，如信息不对称、信任缺失、以次充好、效率低下等。这些问题不仅增加了企业的成本，还可能导致各种风险和不确定性。

酱香基酒采购供应链采用区块链技术，就可以实现酱香基酒采购供应链数据去中心化、可追溯、不可篡改，保证了酱香基酒原料采购数据的真实性和酱香基酒原料的质量。

二、原料采购供应链现状

酱香基酒的原料和配料主要是高粱、小麦和水。酱香基酒的用料极为讲究，一定要用本地产的高粱。这种高粱被称为糯高粱，粒小、皮薄、淀粉含量高，禁得起多次蒸煮；用水主要是赤水河的水；小麦制成高温曲，用曲量多于原料。而用曲量多、发酵期长、多次发酵、多次取酒等独特工艺，正是酱香基酒风格独特、品质优异的重要原因。

因此，酱香基酒原料采购的任何一个环节，如果不能保证质量安全，就可能对酱香基酒的品质有所影响。

三、区块链在采购供应链中解决的问题

区块链技术在酱香基酒原料采购供应链的应用，有效地解决了采购供应链中的许多问题。

1. 区块链技术可以实现酱香基酒原料采购供应链信息的透明化和信息的共享，从而解决了酱香基酒原料采购信息不对称和信任缺失的问题。

2. 区块链技术可以实现酱香基酒原料采购供应链交易的可追溯和不可篡改，从而提高了酱香基酒原料采购的可靠性和安全性。

3. 区块链技术还可以通过智能合约等方式，实现酱香基酒原料采购供应链的自动化和智能化的管理，提高了原料采购供应链的效率和灵活性。

四、区块链对传统采购供应链的改变

酱香基酒原料采购供应链应用区块链技术，将对传统的原料采购供应链产生深远的影响。

1. 将改变传统的上游原料供应企业的信任建立方式，通过区块链技术的手段，实现了更加公正、透明的原料采购交易环境。

2. 将改变传统的原料采购交易模式和原料采购管理方式，实现了更加高效、智能的酱香基酒原料采购供应链管理。

3. 将为酱香基酒原料采购供应链带来新的机遇，促进酱香基酒原料采购供应链的创新和原料采购供应链的新发展。

五、区块链在采购供应链中的应用

1. 透明化的信息共享。在传统的供应链管理系统中，供应链各方往往只能看到自己参与的环节，无法获得全局的信息。酱香基酒原料采购供应链基于区块链的系统，可以实现实时的信息共享和可追溯性，酱香基酒原料采购供应链的各方企业，可以共同查看酱香基酒原料采购交易信息，保证酱香基酒原料采购信息的透明性，从而提高整个酱香基酒原料采购供应链的运作效率。

2. 智能合约的应用。基于区块链技术，酱香基酒原料采购供应链管理系统可以使用智能合约技术，将酱香基酒原料采购合同条款以代码的形式写入区块链中。这样，酱香基酒原料采购合同的执行将会自动化，无需第三方介入，降低了酱香基酒原料采购交易成本，提高了酱香基酒原料采购合同的执行效率。

3. 采购交易数据安全性。在传统供应链管理系统中，数据很容易被篡改或者丢失。而酱香基酒原料采购供应链采用区块链的技术，使得采购数据保存在多个节点上，并且每一个节点都有完整的数据副本，当多数节点达成共识时，新的数据才添加到区块链中，保证了数据的安全性和一致性。

4. 供应商管理。通过区块链技术，酱香基酒采购供应链中的原料供应商可以将产品的基本信息和交易记录上传到区块链上，供应链各方都可以查看这些信息，确保产品的真实性和可信度。同时，智能合约可以自动执行供应商和采购商之间的交易，减少人为错误和纠纷。

六、酱香基酒原料采购区块链的系统设计

基于区块链的酱香基酒原料采购供应链管理系统，主要包括以下

几个部分：

1. 数据层。区块链技术可以记录和存储酱香基酒原料采购中的所有交易数据，保证了数据的真实性和不可篡改性。

2. 网络层。通过 P2P 网络实现酱香基酒原料采购各参与企业的信息共享和各有关企业协同操作。

3. 智能合约层。实现酱香基酒原料采购的自动化合约执行和管理，降低了酱香基酒原料采购的人为干预和错误。

4. 应用层。提供各类酱香基酒原料采购供应链管理相关的应用服务，如酱香基酒订单管理、酱香基酒物流跟踪、酱香基酒质量追溯等。

七、如何通过区块链技术完成酱香基酒采购供应链

酱香基酒原料采购供应链将采用"以太坊区块链平台"进行开发。以太坊（英文 Ethereum）是一个开源的有智能合约功能的公共区块链平台，通过其专用加密货币以太币（Ether，简称"ETH"）提供去中心化的以太虚拟机（Ethereum Virtual Machine）来处理点对点合约。

基于区块链技术的酱香基酒原料采购供应链主要实现以下功能：

1. 以太坊虚拟机 (EVM)。用于执行酱香基酒原料采购智能合约。

2. 区块链共识算法。通过采用适合酱香基酒采购场景的共识算法，保证区块链的安全和可靠性。

3. 数据加密技术。确保酱香基酒原料采购供应链数据传输和存储的安全性。

4. 分布式账本技术。记录和存储酱香基酒原料采购供应链的交易数据。

八、基于区块链技术的酱香基酒采购供应链系统功能模块

1. 订单管理模块。实现酱香基酒原料采购订单的创建、查询和跟踪功能。

2. 物流跟踪模块。实时监控酱香基酒原料采购货物的运输状态，提高酱香基酒原料的物流效率。

3. 质量追溯模块。对酱香基酒原料采购进行全过程质量追溯，提高酱香基酒原料的质量和原料的安全性。

4. 数据分析模块。对酱香基酒原料采购供应链数据进行深度挖掘和分析，为有关企业购销决策提供支持。

5. 协同操作模块。实现酱香基酒购销各参与企业之间的信息共享和协同操作，提高有关企业间的协同效率。

第三节 区块链在生产环节的应用

酱香基酒生产包括原料选择、制曲、发酵、蒸馏、陈酿和装罐等环节。每个环节都对最终酱香基酒的质量产生影响，因此，酱香基酒生产环节应用区块链，对酱香基酒全程生产可追溯性和质量控制至关重要。

一、酱香基酒生产环节引入区块链的作用

1. 质量管理。利用区块链技术，酱香基酒生产可以追踪酱香基酒的原料来源、生产过程、质量控制等方面的信息，能够确保酱香基酒的质量。同时，有关企业可以通过扫描生产的酱香基酒二维码，了解其酱香基酒生产过程和质量信息，增强对酱香基酒的信任度。

2. 供应链管理。由于原料供应链采用区块链技术，实现了酱香基酒原料供应链的透明化和可追溯性，可以实时掌握酱香基酒原料的状态、位置和交货时间，为酱香基酒生产提供了保障。

3. 生产流程管理。区块链技术可以帮助酱香基酒实现生产流程的数字化和智能化。通过将生产设备、传感器等接入区块链网络，实时监测生产过程中的数据和信息，优化了酱香基酒生产流程和提高了效率。同时，酱香基酒还实现了生产过程中的自动化和智能化控制，减少了人工干预，降低了错误率。

4、知识产权保护。区块链技术可以为酱香基酒知识产权保护提供强有力的支持。通过把酱香基酒知识产权信息和交易记录存储在区块链上，可以确保酱香基酒知识产权信息的不可篡改和可追溯性，遇到知识产权纠纷，可以提供证据支持。

5. 区块链节点与网络。区块链技术系统的节点可以为生产的酱香基酒提供真实的数据，对象包括酱香基酒的原料供应商、酒厂、物流公司、销售商等。每个节点在网络中都具有平等地位，共同维护和验证数据块。节点间通信也采用加密传输方式，确保酱香基酒生产的数据安全。

6. 数据存储与验证机制。区块链技术数据存储，采用分布式账本技术，确保生产数据可追溯且不可篡改。每条记录都包含酱香基酒生产环节时间戳和数字签名，确保酱香基酒生产环节的真实性和合法性。通过共识机制，如工作量证明 (PoW) 或权益证明 (PoS)，节点们可以共同验证酱香基酒生产数据的完整性和准确性。

二、区块链技术在酱香基酒生产环节中的优势

1. 提高透明度和可追溯性。区块链技术可以实现酱香基酒生产

过程中的数据和信息的实时监测和记录，保证了酱香基酒生产环节信息的真实性和不可篡改性。这有助于提高酱香基酒的相关企业的信任度，同时也有利于监管部门对酱香基酒生产企业的监管。

2. 降低成本和提高效率。区块链技术可以优化酱香基酒生产企业的生产流程和管理模式，降低酱香基酒生产企业的成本和提高效率。例如，通过自动化和智能化的控制，酱香基酒生产企业可以减少人工干预，降低错误率，提高酱香基酒的生产效率和产品质量。

3. 促进产品升级和创新发展。区块链技术的应用，可以促进酱香基酒产业升级和创新发展。通过数字化和智能化的改造，酱香基酒生产企业可以提高自身的创新能力和竞争力，实现可持续发展。同时，也有助于推动整个酱香基酒产业的转型升级和高质量发展。

三、酱香基酒生产环节区块链架构设计

酱香基酒生产环节区块链系统的架构，包含以下几个部分：

1. 底层协议层。该层主要负责酱香基酒生产环节区块链网络的底层协议，包括生产环节的数据传输、网络通信、共识机制等。

2. 智能合约层。该层主要负责酱香基酒生产环节智能合约的编写、部署和执行，是实现酱香基酒生产环节逻辑的关键。

3. 应用层。该层主要负责与酱香基酒生产相关的业务处理，包括订单管理、生产计划、质量管理等。

4. 跨链交互层。该层主要负责与其他区块链网络的交互，实现相关企业信息的共享和价值的交换。

四、酱香基酒生产环节区块链智能合约

智能合约是酱香基酒生产环节区块链系统的核心部分，负责实现

酱香基酒生产的业务逻辑。酱香基酒生产环节智能合约的编写应遵循以下几个原则：

1. 明确性。酱香基酒生产环节智能合约的逻辑应清晰明确，避免歧义和误解。

2. 安全性。酱香基酒生产环节智能合约应具备防篡改和可审计性，确保酱香基酒生产数据的真实性和可靠性。

3. 高效性。酱香基酒智能合约的执行应高效快捷，避免因一些问题影响酱香基酒生产系统的正常运行。

五、酱香基酒生产环节区块链的数据安全与隐私保护

酱香基酒生产区块链系统涉及大量敏感数据，因此数据安全与隐私保护至关重要。为确保数据安全，应采取以下措施：

1. 加密技术。采用高级加密算法，对酱香基酒生产环节的敏感数据进行加密处理，确保酱香基酒生产数据在传输和存储过程中的安全。

2. 分权控制。对酱香基酒生产环节的系统权限进行细致划分和控制，防止未经授权的访问和操作。

3. 审计机制。建立完善的审计机制，对酱香基酒生产数据进行定期审计和检查，及时发现和解决酱香基酒生产安全问题。

4. 隐私保护。通过同态加密、零知识证明等技术手段，对酱香基酒生产环节的敏感数据进行加密或匿名化处理，保护相关企业的隐私。

六、酱香基酒生产环节区块链系统集成与测试

为确保酱香基酒生产环节区块链系统的稳定性和可靠性，需要进

行充分的系统集成与测试。测试内容应包括以下方面：

1. 功能测试。验证酱香基酒生产环节区块链系统各项功能的正确性和完整性，确保酱香基酒生产环节区块链系统能够满足酱香基酒生产的实际需求。

2. 性能测试。测试酱香基酒生产环节区块链系统的性能指标，如酱香基酒吞吐量、酱香基酒延迟生产等，确保酱香基酒生产环节区块链系统在高负载情况下仍能正常运行。

第四节　区块链在仓储环节的应用

传统的仓储系统正在遇到挑战，因为传统仓储系统存在管理效率低下、信息不透明、数据不一致等问题。同时，随着物联网和人工智能技术的引入，仓储数据安全和隐私保护问题也日益突出。

随着信息科学的进步，仓储物流业逐渐进入数字化转型期，区块链技术的应用，被视为一种创新的解决方案，能为仓储环节带来透明度、安全性和效率。

一、酱香基酒仓储使用区块链技术的必要性

酱香基酒仓储使用区块链技术的益处，最重要的有如下三点：

1. 库存管理。区块链技术可以为酱香基酒仓储提供一个不可篡改的记录，包括酱香基酒的来源、数量、位置等信息。这有助于提高酱香基酒仓储管理的透明度和准确性。

2. 追溯与认证。通过区块链技术，可以对酱香基酒仓储进行全程追溯，包括酱香基酒生产、运输、仓储等环节。此外，区块链还可以用于生产的酱香基酒认证，如证明酱香基酒的真伪和来源。

3. 智能合约。智能合约可以自动执行预设条件下的操作，例如当酱香基酒仓储低于一定数量时自动补货。这有助于提高酱香基酒仓储运作的自动化和智能化水平。

二、酱香基酒仓储使用区块链技术的应用优势

1. 提高透明度。区块链技术能够实时追踪酱香基酒仓储中酱香基酒的状态和位置，实现实时监控和数据分析，准确把握酱香基酒仓储库存情况，及时做出调整和决策。酱香基酒仓储数据公开可查，提高了酱香基酒仓储信息的透明度，增强了相关企业信任。

(2) 增强安全性。区块链的去中心化和不可篡改特性，使得酱香基酒仓储数据更加安全可靠。

(3) 提升效率。区块链智能合约的应用，可以自动化处理一些酱香基酒仓储任务，智能化仓储管理可以通过智能合约自动调度库存，实现库存的及时补充和调剂，提存周转率，提高了酱香基酒仓储运作效率。

（4）降低成本。此外，基于区块链技术的酱香基酒仓储管理，可通过数据共享和透明化，实现多方之间的协作和优化，降低库存风险，减少了人工干预和错误，这大大降低了酱香基酒仓储运营成本。

三、基于区块链技术的仓储系统设计目标

基于区块链技术的酱香基酒仓储系统设计，旨在实现以下几个目标：

1. 透明化管理。通过区块链技术，所有酱香基酒仓储信息将被实时记录并公开，提高了酱香基酒仓储管理的透明度。

2. 防止篡改。区块链的不可篡改性确保了酱香基酒仓储数据的真

实性和可靠性，避免了酱香基酒仓储人为错误和欺诈行为。

3. 提高效率。酱香基酒仓储通过智能合约等技术，实现自动化的物流操作，提高了酱香基酒仓储和物流效率。

4. 酒品溯源。利用区块链的不可篡改性，为每一桶酱香基酒提供一个独特的身份标识。从生产、运输到销售，每一桶酱香基酒所有的数据都会被安全地记录在区块链上，消费者可以随时查询，确保客户购买到的酱香基酒是正品。

5. 环境监控。通过智能合约，酱香基酒仓储可以设定温度、湿度等环境因素的阈值。一旦酱香基酒仓储环境数据超过阈值，系统会自动触发警报，提醒酱香基酒仓储的管理者采取措施。

四、酱香基酒仓储系统架构

基于区块链技术的酱香基酒仓储系统，主要由基础设施层、数据层、智能合约层和应用层构成。

1. 基础设施层负责酱香基酒仓储与物理世界的交互。

2. 数据层负责的酱香基酒仓储数据存储和处理。

3. 智能合约层负责酱香基酒仓储业务逻辑的处理。

4. 应用层则提供酱香基酒仓储用户界面和与外部系统的接口。

五、基于区块链技术的酱香基酒仓储系统构成

基于区块链技术的酱香基酒仓储系统，主要由以下几个部分构成：

1. 区块链网络。由多个节点组成的网络，用于存储和验证酱香基酒区块链数据。

2. 智能合约。自动执行预设规则的计算机程序，用于管理酱香基酒仓储的操作。

3. 数据层。负责酱香基酒仓储的记录和存储信息，包括酱香基酒仓储货物的状态、位置等。

4. 应用层。提供酱香基酒用户界面和 API 接口，使用户可以查看和管理酱香基酒仓储的信息。

六、智能合约设计

智能合约是区块链技术的核心应用之一。在酱香基酒仓储系统中，智能合约可以用于实现酱香基酒仓储自动化的流程管理、库存控制等。通过预设的条件，智能合约可以自动执行酱香基酒仓储相应的操作，如酱香基酒的出库、入库等。

七、安全性与隐私保护

利用区块链技术的加密算法和分布式特性，可以有效地保护酱香基酒仓储数据的安全性和隐私。同时，通过酱香基酒仓储合理的权限控制和数据脱敏技术，可以进一步增强酱香基酒仓储系统的安全性。酱香基酒存储过程对温度、湿度、光照等环境因素要求极高。区块链技术可以为白酒存储提供一种可追溯、可靠的解决方案。通过区块链，我们可以记录每一桶酱香基酒的存储历史、流转过程，确保每一桶酱香基酒的品质和真实性。

八、区块链的运作流程

酱香基酒仓储使用区块链技术的具体运作流程如下：

1. 当酱香基酒进入仓库时，酱香基酒相关信息将被录入区块链中。

2. 智能合约根据预设规则自动处理酱香基酒信息，如更新酱香基酒库存、触发酱香基酒仓储预警等。

3. 酱香基酒用户可通过应用层实时查看酱香基酒仓储状态和位置。

4. 当酱香基酒出库时，酱香基酒仓储的相关信息，将被录入区块链中，并触发酱香基酒仓储相应操作。

九、基于区块链技术的酱香基酒仓储系统的核心技术

基于区块链技术的酱香基酒仓储系统，主要核心技术有三个：

1. 加密技术。区块链采用高级加密算法，确保酱香基酒仓储数据的安全性和隐私性。

2. 共识算法。通过 P2P 网络和共识算法，实现酱香基酒仓储节点间的数据同步和一致性。

3. 智能合约。预设的智能合约能够自动执行交易条件，降低酱香基酒仓储人为干预的风险。

十、基于区块链技术的酱香基酒仓储系统的重要功能

基于区块链技术的酱香基酒仓储系统重要功能有四个：

1. 可追溯性。利用区块链技术，可以实现酱香基酒从生产到销售的全过程追溯，增强酱香基酒消费者的信心。

2. 防伪鉴真。通过加密技术和共识算法，确保酱香基酒数据的真实性和唯一性，防止酱香基酒假冒伪劣产品的出现。

3. 提高效率。自动化和智能化的交易流程，降低了酱香基酒交易成本，提高了酱香基酒市场运作效率。

4. 透明化。公开透明的数据记录，有利于酱香基酒市场监管，减少酱香基酒不正当的竞争。

第五节 区块链在运输环节的应用

传统的货物运输行业，因为存在着众多的不确定因素，所以经常被广大的货主诟病。随着经济全球化和互联网的快速发展，货物运输行业正面临着前所未有的机遇和挑战。

一、使用区块链技术的必要性

区块链技术作为一种新兴的分布式账本技术，由于具有数据不可篡改、透明度高、去中心化等特性，为货物运输行业带来了新的发展机遇。

基于区块链技术的货物运输系统用途广泛，可以应用于跨境物流、冷链物流、电商物流等领域。通过区块链技术优化货物运输流程、提高货物运输效率、降低货物运输成本等手段，为社会创造了更多的价值。

区块链技术在运输环节的应用具有巨大的潜力。随着区块链技术的不断进步和应用的深入发展，定会出现高效、透明、可持续的物流运输体系。

基于区块链技术的酱香基酒运输系统，结合物联网、大数据等技术，会对酱香基酒的运输带来革命性的变化。

二、区块链技术在酱香基酒运输中的主要应用方式

1. 货物追踪与透明度。区块链技术通过提供不可篡改的记录，酱香基酒运输货物的来源、运输的轨迹和运输的目的地等信息会一目了然，大大提高了酱香基酒运输的可追溯性，减少了酱香基酒运输过程

中的信息不对称，增强了酱香基酒运输供应链的透明度。

2. 智能合约。智能合约是区块链技术的核心应用之一。在酱香基酒运输环节，智能合约可以自动执行预定的交易条件，例如酱香基酒交付确认后自动支付运费等。这不仅简化了酱香基酒交易流程，还降低了人为的错误和欺诈的风险。

3. 保险与索赔。区块链技术可以实现酱香基酒运输的快速、准确的索赔处理。通过记录酱香基酒货物的完整运输轨迹，保险公司可以更快地确认酱香基酒货损原因和责任归属，从而提高酱香基酒理赔效率。

4. 优化物流路线。通过区块链技术，酱香基酒运输企业可以实时获取酱香基酒的运输状态和位置信息，从而优化酱香基酒运输路线，降低酱香基酒运输成本。

5. 提高效率与降低成本。区块链技术通过自动化、智能化的处理方式，提高了酱香基酒运输效率，降低了酱香基酒运输的人力和物力成本。

三、区块链技术在酱香基酒运输中的主要作用

1. 跨行业整合。随着区块链技术的成熟，酱香基酒运输上下游不同行业的参与者，将更容易共享信息，形成一个更加紧密、透明的酱香基酒运输供应链生态系统。

2. 数据安全与隐私保护。随着酱香基酒运输数据安全和隐私的保护意识增强，区块链技术将提供更高级别的酱香基酒运输加密和匿名化处理方式，确保酱香基酒运输数据的安全与隐私。

3. 自动化与智能化。区块链技术将进一步推动酱香基酒运输环节的自动化和智能化，减少酱香基酒运输的人为干预，提高酱香基酒运

输的工作效率。

4. 可持续性发展。区块链技术可以帮助酱香基酒运输企业实现更加环保、可持续的货物运输方式，降低碳排放，减少资源浪费。

四、区块链运输环节的系统设计

1. 系统设计的原则。基于区块链技术的酱香基酒运输环节的系统设计，将提高酱香基酒运输的效率、降低酱香基酒运输的成本、增强酱香基酒运输的安全性。该系统采用分布式架构，由多个节点组成，每个节点都拥有完整的账本副本，并参与共识机制以保持数据一致性。基于区块链技术的酱香基酒运输环节系统设计，将遵循开放、共享、高效、安全的原则。

2. 系统设计的层次。酱香基酒运输系统的整体架构可分为三个层次：基础架构层、功能应用层和用户界面层。

（1）基础架构层主要负责区块链在酱香基酒运输网络的搭建和维护，包括酱香基酒运输的节点管理、共识机制、智能合约等。

（2）功能应用层基于基础架构层，实现酱香基酒运输中的追踪、物流信息共享、支付结算等功能。

（3）用户界面层则提供友好的用户界面，方便酱香基酒运输企业进行操作和管理。

3. 系统设计技术的实现。

（1）区块链平台选择。

酱香基酒运输根据实际需求和资源条件选择合适的区块链平台，如以太坊、超级账本等。这些平台提供了丰富的开发工具和生态支持，方便快速搭建应用平台。

（2）智能合约开发。

基于所选择的区块链平台，来编写酱香基酒运输的智能合约，实现具体的业务逻辑。智能合约采用 Solidity 语言编写，经过编译后部署到区块链上，确保酱香基酒运输合约的透明性和可审计性。

（3）API 接口设计。

设计 API 接口与外部系统进行交互，提供酱香基酒运输货物追踪、物流信息记录、支付结算等功能。API 接口采用 RESTful 风格，方便酱香基酒运输系统与不同系统集成。同时加强安全措施，保护酱香基酒运输上下游企业数据和交易隐私。

五、区块链在运输系统的核心功能

1. 货物追踪与追溯功能。利用区块链技术，能实现对酱香基酒运输货物的实时追踪与追溯，提高酱香基酒运输透明度。

2. 物流信息共享功能：借助区块链的去中心化特性，实现酱香基酒运输信息的共享与交换，提高酱香基酒运输效率。酱香基酒运输的上下游企业参与方，通过智能合约可以进行酱香基酒运输信息交互，降低酱香基酒运输沟通成本。

3. 支付结算功能。利用区块链技术，实现酱香基酒运输安全、高效地支付结算。通过系统的智能合约，实现自动化的酱香基酒运输费用分摊和结算，降低酱香基酒运输的交易成本。

4. 安全性和隐私保护功能。通过采用先进的加密技术和安全协议，保障酱香基酒运输数据的安全性和提供隐私保护。同时，对酱香基酒运输敏感数据进行脱敏处理，防止酱香基酒运输信息泄露。

5. 性能优化功能。酱香基酒运输通过采用分片技术、侧链等手段，提高区块链的处理能力。同时，对关键酱香基酒运输业务进行优化，降低酱香基酒运输交易延迟。

6. 智能合约可靠性功能。对酱香基酒运输的智能合约进行严格的测试和验证，确保酱香基酒运输智能合约逻辑正确和稳定性。同时，建立酱香基酒运输智能合约的监管机制，及时发现和修复潜在的问题。

六、区块链在运输系统中的功能实现

1. 实现透明性。通过区块链技术，酱香基酒运输所有交易记录都是公开可查的，确保了酱香基酒运输过程的透明性。

2. 实现安全性。区块链的分布式特性使得酱香基酒运输数据难以被篡改，提高了酱香基酒运输系统的安全性。

3. 实现效率提升。酱香基酒运输的智能合约会自动执行合同条款，减少了酱香基酒运输的人为干预和纸质工作，提高了工作效率。

4. 实现数据分析与优化。通过数据分析工具，上下游的各方面运输企业可以更好地理解酱香基酒运输过程，从而进行酱香基酒的运输优化。

5. 实现去中心化。区块链的分布式特性使得酱香基酒运输系统更加去中心化，增强了酱香基酒运输抗攻击能力，减少了人为干预和错误，提高了工作效率和准确性。

6. 高效的数据存储和传输。区块链技术为酱香基酒运输数据提供了一种高效、安全的存储和传输方式。

七、区块链运输系统的功能模块

1. 货物追踪模块。该模块利用区块链技术实现酱香基酒运输的实时追踪，提高酱香基酒运输的透明度。通过在区块链上记录酱香基酒运输货物的编号、数量、位置等信息，实现酱香基酒全程可追溯，降低酱香基酒运输丢失风险。

2. 物流信息记录模块。该模块利用区块链的不可篡改特性，记录酱香基酒运输货物的所有信息，包括酱香基酒运输的发货时间、收货时间、运输方式、中转站等信息，提高信息的真实性和可信度，降低信息不对称风险。并且实时更新和记录酱香基酒运输货物状态、位置、温度等关键信息。

3. 数据分析与可视化模块。该模块提供酱香基酒运输数据分析和可视化工具，帮助酱香基酒用户更好地监控酱香基酒运输过程。

4. 支付结算模块。该模块实现基于区块链技术的酱香基酒运输支付结算功能，简化支付流程，提高支付效率。通过智能合约自动执行支付指令，确保酱香基酒运输交易的公平性和安全性。

第六节 区块链在销售环节的作用

区块链技术正在全球范围内逐渐被接受和应用，其在产品销售环节的作用日益凸显。区块链以其独特的去中心化、透明化和不可篡改等特点，为产品销售环节带来了诸多变革。

一、区块链在酱香基酒销售环节中的作用

酱香基酒销售环节是酱香基酒期货的核心环节，包括酱香基酒定价、酱香基酒销售渠道、酱香基酒销售策略等方面。区块链技术的引入，可以对酱香基酒销售环节有如下作用：

1. 增强透明度。区块链技术可以使酱香基酒销售过程更为透明，所有酱香基酒销售交易记录都是公开的，参与者可以实时查看酱香基酒销售交易详情，消除了信息不对称的情况。对于酱香基酒销售相关企业，增加了酱香基酒交易的信任度。

2. 优化供应链管理。通过区块链技术，可以清晰地追踪酱香基酒的来源和流向，使酱香基酒销售供应链管理更为高效。从酱香基酒的原材料的采购到酱香基酒的销售，每一步都记录在区块链上，为相关企业提供了强大的追溯能力。

3. 降低交易成本。传统的酱香基酒销售过程中，往往需要第三方中介机构进行信任担保，而区块链技术的去中心化特性使得这种信任担保不再必要，从而降低了酱香基酒销售的交易成本。

4. 提高数据安全性。区块链使用加密技术对交易数据进行保护，确保酱香基酒销售数据的安全和隐私。同时，由于酱香基酒销售数据是分布式的，单一节点的数据损坏不会影响整个酱香基酒销售网络的数据安全。

5. 增强客户信任度。消费者可以通过区块链了解酱香基酒的真实来源和销售过程，增加了对酱香基酒的信任度。而酱香基酒销售通过透明的信息记录，提升了酱香基酒品牌形象和有关企业的满意度。

6. 提升交易速度。区块链技术可以实现酱香基酒销售交易的实时清算和结算，大大提高了酱香基酒交易速度。这对于酱香基酒跨境交易、大宗商品交易等复杂交易尤为有利。

7. 减少欺诈行为。由于区块链的不可篡改性，任何尝试篡改酱香基酒销售数据的行为都会被立即标记出来，从而大大降低了酱香基酒销售欺诈的可能性。这对于维护酱香基酒销售市场公平和保护有关企业权益具有重要意义。通过有关企业的信息管理，可以更安全、有效地管理有关企业的信息，保护有关企业的隐私。

二、区块链技术在酱香基酒销售环节中使用的效果

1. 销售过程清楚。区块链技术在酱香基酒销售环节中，可以记录

酱香基酒销售每一笔交易的详细信息，包括交易时间、交易双方、交易内容等，任何人都可查看和验证酱香基酒销售环节的信息。这种透明度不仅增加了企业之间的信任，也有助于酱香基酒销售有关企业发现和防止欺诈行为，提升合规性。

2. 可以防伪溯源。区块链的不可篡改性使得酱香基酒销售键成为一个完美的防伪工具。在酱香基酒销售环节中，相关企业可以利用区块链技术为酱香基酒建立独特的身份，记录酱香基酒销售全过程的信息。相关企业可以通过扫描酱香基酒货品上的二维码或 RFID 标签，轻松查验酱香基酒货品的真伪，了解酱香基酒销售环节的全生命周期。

3. 去中心化交易。传统的酱香基酒销售模式往往需要依赖第三方机构作为信任中介，而区块链技术的去中心化特性，使得点对点交易成为可能。在区块链平台上，酱香基酒买卖双方可以直接进行交易，无需通过第三方机构。这大大降低了酱香基酒销售交易成本，提高了酱香基酒销售交易效率。

4. 自动化合同执行。区块链技术可以记录和验证酱香基酒销售智能合约，使得酱香基酒销售合同执行更加自动化和高效。在酱香基酒销售环节中，一旦满足了一定的条件，智能合约就会自动执行相应的操作，例如支付酱香基酒销售款项、交付酱香基酒货物等。这大大降低了因人为因素导致的酱香基酒销售违约风险，提高了酱香基酒销售合同的执行效率。

5. 减少中间环节。传统的酱香基酒销售模式，往往需要经过多个中间环节，如经销商、物流公司等，这不仅增加了酱香基酒销售交易成本，也影响了酱香基酒销售交易效率。而区块链技术的去中心化特性，使得点对点交易成为可能，减少了酱香基酒销售的中间环节，降低了酱香基酒销售交易成本，提高了酱香基酒销售交易效率。

6. 安全与隐私保护。区块链技术通过加密算法、分布式等方式，保证了酱香基酒销售交易数据的安全性。同时，通过零知识证明等手段，可以保证酱香基酒销售交易数据的真实性，同时保护酱香基酒销售有关企业的隐私。

7. 销售数据分析。通过对销售数据的挖掘和分析，相关企业可以更好地了解酱香基酒市场需求和相关企业行为，为酱香基酒市场营销等提供数据支持。同时，可以帮助相关企业优化库存管理，降低酱香基酒销售运营成本。

8. 进行渠道管理。基于区块链技术的去中心化特性，可以实现更高效的酱香基酒销售渠道管理。通过智能合约技术，实现酱香基酒销售渠道政策的自动执行和跟踪，降低了酱香基酒销售渠道管理的复杂度和成本。同时，可以增加相关企业对渠道的掌控力，减少酱香基酒销售渠道违规行为的发生。

三、区块链在酱香基酒销售环节中的框架

1. 框架设计原则。构建基于区块链技术的酱香基酒销售环节时，需要考虑酱香基酒销售系统的框架设计原则。

（1）需要选择合适的区块链酱香基酒销售平台和开发工具，根据实际需求进行酱香基酒销售系统设计和功能开发。

（2）需要考虑酱香基酒销售系统的可扩展性和可维护性，保证酱香基酒销售系统能够满足不断增长的业务需求。

（3）需要考虑酱香基酒销售系统的安全性和隐私保护，确保酱香基酒销售系统的安全稳定运行。

2. 系统架构设计方式。

（1）基础设施层。包括区块链网络、数据存储、网络通信等基础设施，为整个系统提供稳定、高效的支持，包括酱香基酒销售交易分布式网络、共识机制等。

（2）平台层。包括酱香基酒运输用户管理、权限管理、智能合约管理等功能，为销售环节提供全方位的服务，实现酱香基酒销售交易节点间的通信和信息传递。

（3）应用层。提供酱香基酒销售交易的各类应用服务，如酱香基酒销售交易溯源、酱香基酒销售交易智能合约等。

3. 系统架构的目标设定。

（1）保障酱香基酒销售交易的安全性和可靠性，防止酱香基酒假冒伪劣产品的出现。

（2）提高酱香基酒销售交易的透明度和可追溯性，方便监管部门对酱香基酒销售进行监管。

（3）降低酱香基酒销售交易成本，提高酱香基酒销售交易效率。

（4）构建一个公正、公平的酱香基酒销售环境，保护酱香基酒销售相关企业的合法权益。

四、区块链在酱香基酒销售中的技术安排

1. 技术选择。区块链技术主要分为公有链和私有链两种类型。在酱香基酒销售系统中，可以选择公有链作为底层技术，以保证酱香基酒销售交易的公开透明和不可篡改性。同时，也可以根据实际需求，选择一些成熟的区块链平台进行酱香基酒销售 技术开发，如以太坊、腾讯区块链等。

2. 智能合约编写。智能合约是区块链技术的重要组成部分，可以自动执行预先设定的酱香基酒销售合约条款。在酱香基酒销售系统

中，可以编写智能合约来规范酱香基酒销售交易流程，例如酱香基酒的定价、酱香基酒销售的渠道、酱香基酒的支付方式等。同时，智能合约还可以实现酱香基酒销售自动分账、自动执行退货流程等功能，提高酱香基酒销售交易效率。

3. 系统集成与测试。在完成智能合约编写后，需要进行酱香基酒销售系统集成与测试，以确保酱香基酒销售系统能够正常运行并实现预定的目标。酱香基酒销售测试内容主要包括功能测试、性能测试和安全测试等。在测试过程中，我们需要重点关注酱香基酒销售系统的稳定性和安全性，以及智能合约的正确性和可维护性。

4. 上线与运维。经过严格的测试和验证后，酱香基酒销售系统可以正式上线运营。在酱香基酒销售系统运维过程中，需要建立完善的管理制度和安全机制，定期进行酱香基酒销售系统安全检查和数据备份，确保酱香基酒销售系统的稳定性和安全性。同时，还需要密切关注酱香基酒销售市场变化和用户反馈，及时调整和优化酱香基酒销售系统的功能，提高相关企业的体验和满意度。

五、酱香基酒销售的区块链功能模块

1. 用户管理模块。实现酱香基酒销售有关企业的注册、登录、信息修改等功能，保证酱香基酒销售系统的安全性。

2. 权限管理模块。对不同酱香基酒销售企业进行权限划分，确保酱香基酒销售数据的保密性和完整性。

3. 智能合约模块。基于区块链技术的智能合约，实现酱香基酒销售自动执行、强制履行的交易规则。

4. 溯源模块。通过区块链技术，记录酱香基酒销售各个环节信息，提高酱香基酒销售的透明度和可信度。

5. 电子合同模块。实现酱香基酒销售合同在线签署、存储、查询等功能，方便快捷地完成酱香基酒销售交易。

六、酱香基酒销售区块链的技术实现

1. 区块链技术。采用分布式账本技术，保证酱香基酒销售环节的安全性和不可篡改性。

2. 加密技术。对敏感数据进行加密处理，保证酱香基酒销售环节数据传输和存储的安全性。

3. 智能合约技术。基于区块链技术的智能合约，实现自动执行、强制履行的酱香基酒销售交易规则。

4.API 接口技术。提供丰富的 API 接口，方便酱香基酒销售系统与其他系统的集成和交互。

5. 大数据分析技术。对酱香基酒销售数据进行挖掘和分析，为酱香基酒销售决策提供数据支持。

第七节 区块链在培训工作中的应用

一、酱香基酒期货从业人员培训应用区块链的意义

区块链技术在酱香基酒期货从业人员培训中的应用，具有巨大的潜力，它不仅可以确保酱香基酒期货从业人员培训工作的数据真实性和可信度，可以提供透明的从业人员培训记录，可以激励从业人员的参与和分享培训，可以实现自动化的从业人员培训认证，可以优化从业人员培训资源的分配。

区块链技术具有数据难以篡改、去中心化等特性，可以有效地解决酱香基酒期货从业人员培训中的诸多棘手问题，为从业人员培训领

域提供了一种全新的模式，让培训信息的存储和共享变得更透明、安全和高效。

区块链技术在酱香基酒期货从业人员培训数据共享、证书管理、效果评估和资源整合等方面的应用，不仅提高了酱香基酒期货从业人员培训的效率和质量，也对从业人员培训数据的跟踪和把控具有重要的作用。

二、区块链技术在培训工作的应用

区块链技术在酱香基酒期货从业人员培训中的应用，主要有数据共享、证书管理、效果评估和资源整合等方面。

1. 培训数据共享。传统的培训数据共享方式存在数据易被篡改、数据不完整等问题。区块链技术可以提供一种去中心化的数据存储和共享方式，使得酱香基酒期货从业人员培训数据更加真实可靠。同时，区块链的公开性还可以帮助有关人员更好地了解培训过程，增加透明度。

2. 培训证书管理。利用区块链技术，可以创建一种去中心化的酱香基酒期货从业人员证书管理系统。在这个系统中，所有的酱香基酒期货从业人员证书都可以被加密并存储在区块链上，确保证书的真实性和有效性。此外，通过区块链技术，还可以实时跟踪酱香基酒期货从业人员证书的状态，避免出现证书被盗用或滥用的情况。

3. 培训效果评估。区块链的公开性和不可篡改性，为酱香基酒期货从业人员培训效果评估提供了新的可能性。通过区块链，所有的酱香基酒期货从业人员学习记录都可以被加密并存储在区块链上，保证数据的真实性和完整性。此外，利用培训系统的智能合约，还可以自动执行一些评估流程，提高效率。

5. 培训资源整合。区块链技术可以有效地整合针对酱香基酒期货从业人员的各类培训资源，包括培训课程、培训讲师、培训设备等。通过酱香基酒期货从业人员智能合约，可以实现培训资源的自动分配和调整，提高培训资源的使用效率。此外，区块链还可以提供一种激励机制，鼓励各类培训机构更好地利用和贡献资源。

三、区块链技术应用在培训工作中的效果

1. 确保培训数据真实可信。在传统的培训环境中，从业人员培训数据的真实性和可信度常常受到质疑。而区块链技术的运用，使得每一个酱香基酒期货从业人员的培训记录、成绩和反馈，都能被安全地存储并验证，确保了从业人员培训数据的真实性和可信度。这不仅降低了酱香基酒期货从业人员培训数据被篡改的风险，也提高了从业人员培训评估的准确性。

2. 提供透明化的培训记录。利用区块链的透明特性，每个酱香基酒期货从业人员都可以轻松查看和验证培训记录。这不仅增加了从业人员培训的透明度，也有助于从业人员了解自己的学习进度和成绩。同时，这也有助于酱香基酒期货从业人员培训机构了解学员的需求和反馈，进而优化酱香基酒期货从业人员培训内容和方式。

3. 激励培训人员参与和分享。区块链的激励机制可以应用于酱香基酒期货从业人员培训中，以激励酱香基酒期货从业人员更积极地参与和分享。例如，通过建立基于区块链的学分系统，培训人员可以通过完成课程、参与讨论、完成项目等方式获得学分。这种学分可以作为酱香基酒期货从业人员在就业市场上的资质证明，从而激励酱香基酒期货从业人员更积极地参与学习。

4. 实现自动化的培训认证。利用区块链技术，可以实现自动化的

培训认证。一旦酱香基酒期货从业人员完成了所有的课程并达到了一定的标准，学习记录就可以被自动验证并颁发证书。这种自动化的认证过程减少了酱香基酒期货培训的人为干预，提高了从业人员培训证书的公信力。

5. 优化培训资源分配。通过区块链技术，酱香基酒期货从业人员的培训机构，可以更准确地了解从业人员的需求和学习进度，从而更有效地分配培训资源。此外，区块链的智能合约功能也可以用于培训机构资源的分配，确保资源能够根据预设的条件和规则自动分配给合格的培训人员。这不仅可以提高资源的使用效率，也有助于提高酱香基酒期货从业人员培训的质量和效果。

四、区块链技术在培训中的应用场景

1. 数据存储与追溯。利用区块链技术，可以实现对酱香基酒期货从业人员培训数据的永久存储和追溯，确保酱香基酒期货从业人员培训数据的真实性和可靠性。

2. 培训效果评估与激励。通过区块链技术，可以对酱香基酒期货从业人员的学习成果进行公正、客观的评估，并对酱香基酒期货从业人员提供相应的激励措施，提高酱香基酒期货从业人员的学习积极性。

3. 数据真实可信。利用区块链技术，保证酱香基酒期货从业人员培训数据的真实性和不可篡改性，提高了培训数据的可信度。

4. 可追溯性强：每个数据块都包含时间戳和唯一标识，方便对酱香基酒期货从业人员培训数据进行追溯和查询。

5. 去中心化程度高：对酱香基酒期货从业人员培训信息采用去中心化的分布式账本，降低了对中心服务器的依赖，提高了培训系统的稳定性和可扩展性。

五、区块链培训系统总体架构

1. 搭建数据层。利用区块链技术，将酱香基酒期货从业人员培训过程中的数据记录在分布式账本上，保证酱香基酒期货从业人员数据的真实性和不可篡改性。

2. 搭建网络层。通过 P2P 网络，实现酱香基酒期货从业人员数据的传输和共享，保证酱香基酒期货从业人员培训系统的安全性和稳定性。

3. 搭建共识层。采用特定的共识算法，确保酱香基酒期货从业人员培训的各个节点在数据记录和验证上的一致性。

4. 搭建激励层。设计合理的激励机制，鼓励酱香基酒期货从业人员积极参与培训过程。

5. 搭建应用层。开发各类应用模块，满足酱香基酒期货从业人员不同培训场景的需求。

六、区块链培训系统总体设计

1. 区块链底层平台。酱香基酒期货从业人员培训系统，要选择合适的区块链底层平台，如以太坊、超级账本等，从而搭建起酱香基酒期货从业人员培训的区块链网络。

2. 培训管理系统。负责酱香基酒期货从业人员培训数据的采集、存储和管理，与区块链底层平台进行对接。

3. 数据分析系统。对酱香基酒期货从业人员培训数据进行深度分析，为酱香基酒期货从业人员培训效果评估和激励提供数据支持。

4. 用户界面。提供酱香基酒期货从业人员培训用户友好的操作界面，方便培训用户进行培训数据查询、效果评估和激励等操作。

5. 区块链底层平台的搭建。根据酱香基酒期货从业人员培训系统的需求，选择以太坊作为区块链底层平台。搭建过程包括：配置网络环境；安装节点软件；配置智能合约等。

6. 数据采集与清洗。通过酱香基酒期货从业人员培训管理系统，采集培训人员的学习数据，并对数据进行清洗和整理。

7. 数据加密与编码。对酱香基酒期货从业人员培训数据进行加密和编码，确保酱香基酒期货从业人员培训数据的安全性和可追溯性。

七、区块链培训系统的功能模块

基于区块链技术的培训系统主要包括以下几个功能模块：

1. 身份认证模块。对酱香基酒期货从业人员培训资格进行身份认证，确保酱香基酒期货从业人员培训过程中的信息安全。

2. 课程管理模块。对酱香基酒期货从业人员提供课程安排、课程更新等功能，方便培训管理员对培训课程进行管理。

3. 证书管理模块。对酱香基酒期货从业人员的学习成果进行认证，发放培训结业数字证书，保证证书的真实性和权威性。

4. 评价反馈模块。对酱香基酒期货从业人员的学习效果进行评价和反馈，帮助酱香基酒期货从业人员提高学习效果。

5. 数据分析模块。对酱香基酒期货从业人员培训过程中的数据进行分析，为优化培训提供依据。

八、区块链培训系统的关键技术

基于区块链技术的培训系统涉及的关键技术主要包括：

1. 分布式账本技术。利用区块链技术，构建一个酱香基酒期货从业人员培训信息去中心化的分布式账本，保证培训信息数据的真实性和不可篡改性。

2.P2P 网络技术。实现数据的传输和共享，提高酱香基酒期货从业人员培训信息系统的可扩展性和稳定性。

3. 共识算法。采用特定的共识算法，如 PoS、PBFT 等，确保酱香基酒期货从业人员培训系统各个节点在数据记录和验证上的一致性。

4. 智能合约。酱香基酒期货从业人员培训系统利用智能合约技术，实现自动化管理和执行合同条款，提高系统的自动化程度。

5. 加密技术。对敏感数据进行加密处理，保护酱香基酒期货从业人员的隐私和数据安全。

第八节 区块链在万物互联中的应用

一、万物互联与酱香基酒期货区块链系统

如果说酱香基酒期货系统中的原料采购、组织生产、仓库存储、货物运输、产品销售、职业培训是子系统的话，那么酱香基酒期货系统就是一个母系统。各个子系统使用区块链技术通过万物互联，形成了区块链技术支持的母系统——酱香基酒期货系统。

酱香基酒期货母系统与酱香基酒期货子系统之间的关系，是包含与被包含的关系，即子系统是母系统的一部分，而母系统包含了若干个子系统。

酱香基酒期货子系统，是在区块链技术结构复杂并且拥有众多要素的酱香基酒期货系统之中，而子系统自身的要素，按照区块链技术的方式，又紧密地联系在一起。子系统要素与系统内其他子系统要素相比，具有相对的独立性和自身的个性特征。而酱香基酒期货母系

统，则是包含了酱香基酒期货子系统的整体。

　　在酱香基酒期货系统的运行中，子系统是母系统的组成部分，而子系统的运行则依赖于母系统的支持。母系统与子系统的关系决定了酱香基酒期货系统的运行效率和质量。因此，在酱香基酒期货系统的设计和管理中，需要关注母系统和子系统的关系，这种关系就是万物互联。将区块链技术应用在万物互联中，优化子系统的结构和功能，将提高整个酱香基酒期货系统的性能和效率。

二、酱香基酒期货区块链系统在万物互联环境中的作用

　　由于区块链技术是一种去中心化的分布式账本技术，它可以记录和追踪在互联网上发生的所有交易或数字事件。所以这种技术的应用范围正在不断扩大，酱香基酒期货区块链系统在万物互联领域中将有广泛的应用。

　　1. 区块链技术可以提供可信的追溯记录。在万物互联的场景下，所有酱香基酒期货子系统都可以被连接起来，形成一个巨大的网络。在这个网络中，每个酱香基酒期货子系统都有一个唯一的标识符，通过区块链技术可以记录和追踪它们的所有交易和行为。这种追溯记录是公开、透明和不可篡改的，因此可以提供可信的证据和保证。

　　2. 区块链技术可以协调酱香基酒期货各个子系统之间的数据交互和实际交易。在万物互联的场景下，酱香基酒期货子系统之间的交互和交易是常态化的行为。通过区块链技术，酱香基酒期货区块链系统可以建立一种去中心化的信任机制，让酱香基酒期货子系统之间可以自主地进行交易和交互，而不需要人为地干预。这样可以大大提高酱香基酒期货交易的效率和便利性，同时也可以降低酱香基酒期交易成本。

　　3. 区块链技术可以为酱香基酒期货子系统提供独立的身份验证和

授权管理。在万物互联的场景下，每个酱香基酒期货子系统都需要有一个独立的身份验证机制，以确保酱香基酒期货子系统的安全和隐私。通过区块链技术，可以为每个酱香基酒期货子系统提供一个独特的身份标识符，并通过智能合约对其进行授权管理。这样就可以确保只有经过授权的酱香基酒期货子系统才能访问和使用相关物品或服务。

4. 区块链技术还可以为万物互联提供安全保障。在万物互联的场景下，酱香基酒期货子系统的数据交互和交易涉及许多敏感信息和隐私保护问题。通过区块链技术，可以构建一个去中心化的安全机制，确保所有酱香基酒期货子系统数据和交易的安全性和隐私保护。同时，区块链技术还可以防止酱香基酒期货子系统数据被篡改或伪造，从而保证酱香基酒期货子系统数据的真实性和可靠性。

三、区块链技术在万物互联环境中的应用

1. 数据共享和交互。在万物互联的环境中，酱香基酒期货区块链子系统之间需要进行数据共享和交互，以确保彼此之间的有效沟通和协作。区块链技术可以通过提供去中心化的数据共享和交互机制，使得这些酱香基酒期货子系统能够安全、高效地进行数据交换。

2. 身份验证和管理。在万物互联的环境中，酱香基酒期货子系统都需要有一个唯一的身份标识，以确保其身份的真实性和唯一性。区块链技术可以通过对酱香基酒期货子系统进行数字签名，保证其身份的真实性和唯一性，并且可以对酱香基酒期货子系统的访问权限进行管理，确保其安全性和隐私性。

3. 交易记录和追溯。在万物互联的环境中，酱香基酒期货子系统之间需要进行交易和交互，这些酱香基酒期货子系统的交易需要进行记录和追溯。区块链技术可以通过去中心化的账本机制，记录所有的

交易行为，并且可以进行追溯和验证，确保交易的真实性和可靠性。

4. 智能化合约。在万物互联的环境中，酱香基酒期货区块链系统中的各种智能化合约可以被自动执行，以实现各种自动化操作和服务。区块链技术可以通过提供去中心化的合约机制，确保系统中的合约的真实性和可靠性，并且可以自动执行系统中合约的规定操作。

5. 数据分析和服务。在万物互联的环境中，大量的酱香基酒期货区块链系统数据可以被收集和分析，以提供各种智能化服务和解决方案。区块链技术可以通过提供去中心化的数据存储和分析机制，对这些酱香基酒期货区块链系统数据进行安全、高效地管理和利用。

四、区块链系统在万物互联环境中设计的关键要素

1. 数据层设计。酱香基酒期货区块链系统数据结构的设计，要适合万物互联的数据结构，包括数据格式、数据存储、数据传输等；酱香基酒期货区块链系统的数据加密，要使用合适的加密算法来确保数据安全。

2. 网络层设计。酱香基酒期货区块链系统要考虑使用去中心化的网络架构，以实现更安全、更可靠的数据传输；酱香基酒期货区块链系统通信协议的设计，要适用于万物互联的通信协议，确保数据传输的稳定性和安全性。

3. 共识层设计。酱香基酒期货区块链系统，要选择或设计适合万物互联的共识算法，如工作量证明 (Proof of Work)、权益证明 (Proof of Stake) 等；酱香基酒期货区块链系统的共识机制，要确保所有节点能够达成共识，以确保数字的可靠性和一致性。

4. 应用层设计。酱香基酒期货区块链系统在选择开发语言和工具时，要选择或开发适用于万物互联的编程语言和开发工具；酱香基酒期

货区块链系统要设计和实施智能合约，以实现自动化的业务逻辑处理。

5. 安全与隐私保护。酱香基酒期货区块链系统，要使用高级加密技术，以此来保护数据安全；酱香基酒期货区块链系统，要设计合适的访问控制机制，确保只有授权用户可以访问数据。

6. 可扩展性与灵活性。酱香基酒期货区块链系统，要将系统设计成模块化的结构，便于扩展和维护；酱香基酒期货区块链系统应具备足够的灵活性，以适应不断变化的需求和环境。

7. 跨平台与跨设备互通。酱香基酒期货区块链系统，要制定和实施统一的接口标准，以确保不同平台和设备之间的互通性。酱香基酒期货区块链系统要具备兼容性，确保系统与其他设备和平台的兼容。

8. 性能优化。酱香基酒期货区块链系统要使用数据压缩，减少传输的数据量，提高传输效率；酱香基酒期货区块链系统缓存策略要设计合理，以提高系统的响应速度和吞吐量。

9. 用户界面与体验。酱香基酒期货区块链系统界面设计应简洁明了，便于用户操作和理解。酱香基酒期货区块链系统要提供个性化设置选项，以满足不同用户的需求。

10. 持续集成与持续部署。酱香基酒期货区块链系统要使用自动化测试工具进行系统测试，确保系统的稳定性和可靠性。酱香基酒期货区块链系统要实施版本控制，以便于追踪和管理系统的变更历史。

11. 可维护性与可审计性。酱香基酒期货区块链系统，要设计完善的日志记录机制，以便于问题排查和审计；酱香基酒期货区块链系统要有监控与告警机制，及时发现和处理系统异常。

12. 生态系统建设。酱香基酒期货区块链系统要与相关行业合作伙伴建立良好的生态合作关系，共同推动酱香基酒期货万物互联的发展。